乳幼児とその家族への早期支援

福井逸子・柳澤亜希子 編著

北大路書房

はじめに

「支援の必要な子ども」とは，どのような子どもたちなのだろうか。

従来，「支援」が必要とされる対象の子どもとして取り上げられてきたのは，特別な場で療育や教育がなされてきた（いる）障害のある子どもや重い病気を抱える子どもである。しかし，近年，クローズアップされている子育てをめぐる問題を概観すると，「支援」を必要としているのはそのような子どもたちだけではなく，その範疇外の子どもたちにおいても同様である。具体的には，親をはじめとする大人中心の生活スタイルが子どもたちの基本的な生活習慣スタイルを崩し，また，ストレスフルな社会で子育てや仕事に従事する大人（親）たちのゆとりのなさや不安が，子どもたちの社会面，情緒面，身体面等のさまざまな発達的側面に影響を及ぼし，さまざまな問題をもたらしている。

また，近年の国際化の進展に伴い，わが国では異文化を尊重し，理解する試みが「国際理解教育」という名のもとで積極的に実施されている。しかし，実際に行なわれている取り組みの大半は英語圏を代表とする特定の国に限定され，そこに該当しない異文化をもつ子どもたちの存在や彼らの文化，彼らが抱えている問題は理解されるまでに至っていないのが現状である。このように，国際化の問題1つをとっても，多様性を認めることが重視されながらも見過ごされている子どもたちがいるという実態に，保育や教育に携わる支援者たちは目を向けていくことが望まれる。

さらに，2007（平成19）年より障害の種別や程度に応じて実施されてきた「障害児教育」が，一人ひとりの子どものニーズに応じた教育的支援を行なう「特別支援教育」へと転換した。この教育方針の転換の背景には，これまで教育現場で見過ごされてきた知的発達の遅れを伴なわない発達障害の子どもたちの存在が明示されたことがある。保育者は，重篤な発達の遅れのある子どもとは異なる発達障害の子どもたちが直面している困難を正しく理解し，支援していくことが求められる。

他方，子育てに関わる問題（子育ての孤立化やそれに伴う育児不安，家庭の教

育力の低下等）が子どもたちの発達にもたらす影響の大きさを踏まえると，子どもたちを取り巻く環境的な要因も見過ごせない。特に生活の主体が家庭である乳幼児期の子どもたちの支援においては，子どもたちがどういった家庭環境におかれているのか，そして，子育てに携わる親とその他の家族（きょうだいや祖父母等）がどのような問題に直面しているのか等についても考慮することが大切である。つまり，乳幼児期の子どもたちの支援を考えていく際には，家族も支えるという包括的な視点をもって取り組むことがより一層重要である。

多様化する子どもたちのニーズや彼らを取り巻く環境的な問題を踏まえると，初期の段階，すなわち早期に子どもたちや彼らを養育する親に関わる保育者の役割は重要であり，保育者の担う責任はますます大きくなってきていると言える。保育の理念は，「一人ひとりの子どもに寄り添うこと」である。しかし，現在の子どものニーズを真摯に受け止めた時，これからの保育者には子どもたちに「寄り添う気持ち」とともに，保育者が子どものニーズを適切にとらえ支援していくために，それらに関する専門的な知識をもって関わっていくことが不可欠となっている。

以上のことを踏まえて，本書は，これから保育者をめざす学生とすでに保育の現場で子どもたちに関わっている保育者をおもな対象として，これまで十分に取り上げられることが少なかった子どもたちの問題に焦点を当て，彼らが抱えているニーズとは何か，また，保育者はそのニーズに対してどのように取り組んでいくべきであるのかを学ぶことを通し，保育者の資質を高めていくことをめざしている。そのため，本書は理論と実践の両側面の資質の向上に寄与できるように理論編と実践編の2部で構成した。

まず，理論編では乳幼児期の子どもたちをめぐる環境の変遷と多様化する子どもたちのニーズについて解説し，家族を含めた乳幼児期からの支援の重要性とその意義について言及している。そして，本編では家庭環境の影響によって生じる子どもたちの問題をはじめ，発達障害の子ども，重い病気を抱える子ども，外国籍や外国にルーツをもつ子どもたちが直面している問題とその支援のあり方について家族への支援を交えながら概説している。また，実践編では，理論編で言及した子どもたちのさまざまなニーズに対して，保育や教育の現場で実際に取り組まれている先進的な試みや活動について紹介している。

本書を手にした読者が，理論編で子どもたちのさまざまなニーズに関する基本

的な知識について学び，実践編での事例から具体的な知見を得ることを通して今後の保育や子どもたちへの関わりの一助になることを心より願っている。また，現時点では「特別」と見なされているニーズに丁寧に対応していくことが，限定された子どもたちだけではなく，すべての子どもたちへの支援につながっていることに気づいてくれることを切に願っている。

　最後になりますが，本書の趣旨にご賛同いただき執筆にご協力くださいました執筆者の先生方，そして，本書の企画にご理解いただき，編集および刊行にあたって多大なご尽力を賜りました北大路書房の中岡良和氏と北川芳美氏に心より感謝申し上げます。

2008 年 3 月　　編　者

はじめに

·· 理 論 編 ··

1章　乳幼児とその家族をめぐる諸問題と早期支援の重要性 ················· 2
　1節　子育てをめぐる問題と子育て支援施策の動向　*2*
　2節　現代の若年層および青少年が抱える問題　*7*
　3節　子どものニーズの多様化
　　　　——一人ひとりの子どものニーズに応じた支援をめざして——　*10*
　4節　乳幼児とその家族に対する早期支援の目的と意義　*12*

2章　誕生前からの支援を考える ··· 18
　1節　潜在的な虐待の可能性と予防　*18*
　2節　子育ての準備・スタートとしての妊娠期および出生期の重要性　*22*
　3節　よりよいお産と育児に向けた取り組み：出産から始まる親子関係　*24*

3章　家庭環境から派生した問題を抱える子どもたち ························· 28
　1節　基本的生活習慣に関する問題　*29*
　2節　人間関係の希薄さが招く問題　*35*
　3節　現代家庭環境から生じるさまざまな問題点を見つめて　*39*

目 次

4章 発達障害のある子どもへの支援 …………………………… 42
　1節　発達障害のある子どもへの早期支援の意義　43
　2節　発達障害とは何か　44
　3節　自閉症スペクトラムの子どもと支援　46
　4節　LDの子どもと支援　49
　5節　ADHDの子どもと支援　51
　6節　発達障害のある子どもの家族への支援　54

5章 病気を抱えた子どもたち ……………………………………… 59
　1節　病児・病後児保育とは何か　59
　2節　病児・病後児保育の歴史　63
　3節　保育所型病児・病後児保育　65
　4節　保育所で行なう病後児保育のおもな注意点　69
　5節　子育て支援の充実をめざして　72

6章 外国籍・外国にルーツをもつ子どもへの支援
　　――ペアレント・インボルブメントの視点から――………… 74
　1節　多文化時代の潮流：日本社会の「多文化化」　74
　2節　外国籍・外国にルーツをもつ幼児が提起すること　75
　3節　多文化時代に求められる言語能力：母国語の重要性　77
　4節　ペアレント・インボルブメントの実際　77

― 実践編 ―

7章　マイ保育園（子育て支援プラン）― 石川県の実践事例 ― ……… 90
　1節　石川県の子育て環境の歴史　*90*
　2節　マイ保育園誕生について　*91*
　3節　マイ保育園事業の特徴　*94*
　4節　マイ保育園の実践紹介：Y保育園での取り組み　*96*

8章　幼稚園における発達障害の子どもとその保護者への支援事例 ……… 102
　1節　自閉性障害の子どもの幼稚園への受け入れと園内支援体制の工夫　*102*
　2節　学習障害が疑われる子どもの小学校への移行に向けた支援
　　　　―母親の葛藤を受け入れながら―　*109*
　3節　発達障害の子どもへの支援を通して学んだこと　*114*

9章　外国籍・外国にルーツをもつ子どもへの支援
　　　― 小学校での取り組み事例から ― ……… 117
　1節　外国籍・外国にルーツをもつ園児とその保護者への支援のあり方　*117*
　2節　外国籍・外国にルーツをもつ児童への小学校での支援体制
　　　　―M小学校の事例から―　*120*
　3節　多文化理解を基本とした授業展開事例　*125*
　4節　保育現場と小学校の連携―安心して小学校生活を迎えるために―　*133*

理論編

理論編

乳幼児とその家族をめぐる
諸問題と早期支援の重要性

　子どもは次世代を担う存在であり，彼らの健全な発達を保障することは社会全体の責務である。しかし，現代の子どもたちを取り巻く社会が抱える問題は，子どもたちの育ちや彼らの生活の基盤である家庭にさまざまな形で波及している。一方，従来，支援が必要であるととらえられてきたのは，おもに特別な場で特別な配慮を必要とする障害のある子どもや重篤な疾患を有する子どもたちであった。しかし，昨今の子どもたちに対する虐待の増加，青少年の規範意識や自制心の欠如等によって相次いで引き起こされる数々の事件，若年層における社会的自立の難しさ等といった問題からもうかがえるように，支援は特定の子どもたちだけではなくすべての子どもたちにも必要であると言える。同時に，子どもたちへの支援を考えていく際には，子ども自身だけではなく彼らを取り巻く家族の問題も含めて多面的視点から検討していかなければならない。

　本章では，まず，子育てをめぐる問題と青少年が直面している問題の2側面から，現代の子どもたちを取り巻く環境について概観する。また，乳幼児期から子どもたちとその家族を支援することの重要性とその意義について，米国での家族支援の取り組みを交えて言及する。

1節　子育てをめぐる問題と子育て支援施策の動向

1．地域社会の崩壊による人間関係の希薄化と育児の孤立化

　地域の人々とのつながりが大切にされていた時代では，親だけでなくその家族を取り巻く地域社会全体が子どもたちを育んでいた。たとえば，社会的に許容さ

れない行為をしている者がいれば，わが子でなくても注意するお節介で口うるさい住人がいた。また，急な用事が生じた時には子どもを気軽に預かって面倒をみてくれる隣人がいた。このように，以前の地域社会は，子どもたちとその家族に対する教育的機能と相互補完的機能を有していた。しかし，核家族化や都市化により人々は個人の生活を重視するようになり，家庭への外部からの関わりを拒むようになった。また，生活の利便化が図られたことによって，多くの人々は隣人を頼り，助け合うことが少なくなった。このような地域社会とのつながりの崩壊は，子どもたちの育ちと育児を担う母親に負の影響をもたらすこととなった。

その1つは，子どもたちが多種多様な人々と関わりあう機会を失ってしまったことである。これにより子どもたちの経験は限定され，ものごとの判断基準は親（家族）が中心になり，子どもたちの価値観は狭められていった。また，異年齢や価値観の異なる人々との関係の築き方やふるまい方を学ぶ機会を失った。

2つめは，母親の育児の孤立化である。必要な時に日々の生活の中で生じた育児に関する不安について気軽に相談にのってくれる人物が身近にいなくなったことである。その結果，母親は育児への不安感やストレスを高めることとなった。加えて，育児の孤立化は，親子の関係を必要以上に密接化させることになった

2．密接化する親子と育児不安

親が養育する子どもの数が減少したこと，また，子どもを「授かる」から「つくる」とする考えへと変容したことで，親はわが子に対して強い思いを抱くようになった。親は自分の思いを先行させてわが子に接するようになり，わが子に対して過干渉，過保護になった。このように，親の願いや期待が表立ち，親が先回りしてわが子に関わることで子どもたちは自分自身で熟考し，主体的に行動する機会を奪われてしまった。

親主導による子育ては母親において顕著であり，中でも専業主婦である場合にその傾向が強まるとされている。乳幼児を養育する専業主婦の母親は，1日中密室化した部屋の中でわが子と対峙する状況にある。そのため，母親の関心は必要以上にわが子に注がれ，わが子の行動の細かい部分にまで目がいき，些細なことであっても懸念や不安が生じやすくなった。また，近隣にそういった感情を相談できる人物がいなくなったことで母親の不安はなかなか解消されず，一層ストレスをかき立てられることとなった。

一方，専業主婦である母親の中には，就労していたものの子育てに専念するために今まで積み重ねてきたキャリアを捨てた者が存在する。子育てに従事することを選択した母親は，これまで仕事を通じて達成感を得ることで自分自身の存在意義を確認してきた。それゆえ，仕事から離れた母親にとって自分の存在意義を実感するための指標は，子育てが中心となった。つまり，母親にとってわが子の育ちのあり方そのものが，自分自身の評価として位置づけられたのである。そのことは，母親は自分が理想に描く子ども像にわが子を近づけようと躍起になり，過剰な教育やしつけをもたらすことになった。そして，母親の懸命な取り組みにもかかわらず，わが子が自分の思い描くように育たない時には自分自身の評価が下がってしまうという焦りや不満が生じ，一層わが子をしつけようとし，虐待に近い行為に至ってしまうこともある。

3．育児ストレスと虐待

わが国では，子どもの養育は女性が担うといった「男は仕事，女は家庭」という性別役割分業や，3歳までは母親の手で養育を行なうべきであるとする3歳児神話★1が強調されてきた。しかし，近年の女性の社会進出により男女共同参画社会がめざされ，性別に関係なく能力を発揮し，夫婦が協力して家庭内外の仕事を行なうことが求められている。ところが，現実は就労する女性の大半が「家庭も仕事も」担っており，育児と仕事を両立することが難しく，ますます女性の負担が高まっている。そして，結果的には，多くが仕事を辞めざるを得ないのが現状である。

子育てをする女性にもたらされる育児ストレスは，就労している女性に限定されるものではなく，専業主婦で子育てに携わっている女性においても同様の問題である。一方では，就労しながら子育てをしている女性よりも，専業主婦で子育てをしている女性のほうが高い育児不安やストレスを抱えているとする報告がある。しかし，いずれにせよ，子育てを担っている女性が直面している負担は計り知れず，現状では就労の有無にかかわらず女性が安心して心地よく子育てを行なうための環境は不十分であると言える。

★1　3歳児神話
高度経済成長期に性別役割分業を推し進めるために強調された，3歳までは母親が育児に専念すべきであるとする考え方。3歳までは母親によって子どもを育てなければ，生涯にわたり子どもの成長に支障をきたすというが，合理的な根拠はない。

一方，2006年の厚生労働省の報告によると，児童相談所における児童虐待相談対応件数は年々増加しており，その背景には育児不安や育児ストレスの関連性が指摘されている。

　虐待をもたらす理由としてこれまでは，過去に虐待の経験をもつ親が子育てを担う立場になった際に，わが子に対しても同じ行為をくり返してしまう虐待の世代間連鎖が指摘されてきた。しかし，最近では世代間連鎖だけではなく，母親に高い育児ストレスをもたらす子育て環境が虐待のリスクを高めているとされている。このことは，子育てをする誰もが虐待に至るリスクを有していることを示唆し，虐待は特別な問題ではなく身近な事象であることを意味している。そして，特に発達障害のある子どもの養育には，非常に高いストレスが伴うため，より虐待のリスクが高まるとされている。

4．情報化と定型化された子ども観

　核家族化や都市化により，地域近隣の人々との接触はきわめて少なくなった。そして，子育てをする母親の情報源は，人的ツールから物理的ツールへと移行した。このように，日々進展する情報化の恩恵により，子育てをする親はインターネットを通じてさまざまな情報を瞬時に，容易に入手することが可能となった。しかし，インターネットを介した情報の取得は簡便であるものの，公開されている情報は非常に多岐にわたっている。そのため，氾濫する膨大な情報に振り回されてしまうことが懸念されている。

　また，インターネットや書籍によって数多くの子育てに関する情報に触れることができる一方で，危惧されるべき点がある。それは，書籍等で言及されている情報はあくまでも一般的な事象であるにもかかわらず，その情報をわが子に当てはめ，わが子の発達が遅れているのではないかと過度に心配し，育児不安に陥る母親が増えていることである。

　乳幼児期の子どもの発達は個人差が大きく，個々の子どもの養育環境によってもさまざまであり，子どもの育ちの様相は十人十色である。しかし，近隣で多様な背景をもつ親子とふれあうことで，さまざまな子ども像を知る機会が少なくなった昨今では，親の育児のあり方や子ども像の指標が一本化されている傾向にある。このことは，子育てを行なう親が良い意味で楽観的に，広い目で子どもを見守る柔軟性や融通性を奪ってしまったと考えられる。

ただし，何らかの事情によって屋外で実施されている子育て支援活動に積極的に参加できない親においては，インターネットによる情報は同じ立場にある者と知りあえる貴重な支援ツールである。それゆえ，インターネットによる情報収集には，負の要素ばかりが存在するとは言えない。しかし，近隣の子育て経験のある人々や祖父母からフェイス・トゥ・フェイスで助言を得る時に体験される情動的なつながり，そして，そこから得られる安心感は簡便な物理的ツールからは得ることのできないかけがえのないものであると考えられる。

5．わが国における子育て支援施策の動向

　母親の子育てを支援するための取り組みは，表1-1に示すように1995（平成7）年のエンゼルプランより着手され，現在に至っている。

　最新の子育て支援の取り組みとして，厚生労働省は2007年に助産師や保健師が出産後の家庭を訪問し，母親のメンタル面のサポートや育児相談にのる「こんにちは赤ちゃん事業」を開始した。

　産後1か月の母親は，産後の疲労やホルモンバランスの崩れ等が原因でうつ状態になる「産後うつ」を発症する人が10〜15％の割合で存在すると言われている。そして，産後うつの母親は育児不安が高く，育児放棄や虐待に至る可能性が高いとされている。この家庭訪問事業は，そのような深刻な事態を予防する重要な取り組みである。

　さらに，厚生労働省は，2008（平成20）年から企業で働く女性に対して結婚や出産の有無に関係なく仕事を継続できる環境を整備することを目的とし，先輩女性社員が相談にのるメンターの養成に乗り出すことを明示した。

　女性が過度の負担やストレスにさらされながら子育てに励まざるをえない，また，仕事と子育ての狭間で葛藤を強いられる状況を緩和していくために，より一層の子育て支援の充実が図られることが求められている。

表 1-1 わが国における少子化の動向と子育て支援事業の変遷

年　代	事　業　内　容
1989（平成元）年	【合計出生率 1.57】
1994（平成 6）年	「今後の子育て支援のための施策の基本的方向について（エンゼルプラン）」策定
	緊急保育対策等 5 ヵ年事業　策定〈1999（平成 11）年度までの計画〉
1995（平成 7）年	育児休業給付支給の開始
	児童育成計画策定指針　策定
	育児・介護休業法　施行
1997（平成 9）年	【合計出生率 1.39】
1999（平成 11）年	少子化対策推進基本方針　決定
	「重点的に推進すべき少子化対策の具体的実施計画について（新エンゼルプラン）」策定〈2004（平成 16）年度までの計画〉
2001（平成 13）年	待機児童ゼロ作戦
	「仕事と子育ての両立支援策の方針について」決定
2002（平成 14）年	少子化対策プラスワン
2003（平成 15）年	少子化社会対策基本法　施行
2004（平成 16）年	「少子化社会対策大綱」　決定
2005（平成 17）年	子ども・子育て支援プラン　策定
	【合計出生率 1.26】
2006（平成 18）年	「新しい少子化対策」　決定
	【合計出生率 1.32】
2007（平成 19）年	「子どもと家族を応援する日本」重点戦略検討会議の設置
	「こんにちは赤ちゃん事業」　開始

2節　現代の若年層および青少年が抱える問題

1．社会的自立の難しさ

　近年，わが国では非正規雇用の増大や若者の進学や就職をめぐる環境が大きく変化している。2007 年 4 月の完全失業率は 3.8％であり，そのうち 15 〜 24 歳の若者では 7.5％と高い比率となっている。また，2006 年の厚生労働省の調査によ

理論編

るとフリーターは187万人，ニート[*2]に近似する無業者が62万人であり，若者の就業状況は厳しい状況にある。また，最近では，就職したものの当初思い描いていたイメージと現実が異なるという理由から，短期間で離職するケースが増えている。このような若年層が抱える社会的自立の難しさは，わが国の労働力人口[*3]の低下に拍車をかけることからも憂慮すべき社会問題である。

では，若者たちの社会的自立を阻んでいる要因は何であろうか。その1つは，就業先の上司や仲間との関係を築くことが難しいといった若者のコミュニケーションや対人関係の能力の弱さが指摘されている。また，2つめとしては，若者の勤労観や職業観の希薄化が指摘されている。このような現状を踏まえて，2007年には厚生労働省が若年層の雇用対策事業に乗り出した。具体的には，35歳未満のコミュニケーション能力等に困難がある若者（発達障害[*4]もしくは発達障害が疑われる者を含む）を対象とし，彼らの就業および就労を支援する「若年コミュニケーション能力要支援者就職プログラム」に着手した。

さらなる労働力人口の低下を防ぎ，経済社会の発展に向け取り組むことは，若者が将来に希望をもつことにつながる。また，若者の自立を後押しすることは，彼らが家庭をもち子育てすることを敬遠することで拍車をかけている少子化に歯止めをかけるためにも重要である。

また，実際的な就労支援とともに，就労の基礎となる力を幼児期から培っていくことも必要である。現代の子どもたちは，核家族化や少子化により多様な価値観をもつ人々や異年齢の人々からもまれる機会が少なくなったことで，対人関係能力や耐性能力が脆弱化している。社会で生きていくために必要なこれらの力は，社会に出てすぐに確実に身につくものではない。親や保育者の連携のもと，幼児期から就労（すなわち生きていくために必要な力）を積み上げていくことが大切である。

用語解説

★2　ニート
NEET（ニート）とは英国政府が定義した言葉であり，「Not in Education, Employment or Training（教育を受けず，労働を行なわず，職業訓練もしていない）」の頭文字をとったものである。わが国では，15〜34歳の収入を伴う仕事をせず，通学・家事もしていない者と定義されている。

★3　労働力人口
就業者と完全失業者（就業はしていないが就職活動はしている者）の総計。

★4　発達障害
自閉症，アスペルガー症候群その他の広汎性発達障害，学習障害，注意欠陥多動性障害，その他これに類する脳機能の障害の総称。上述した障害の詳細は，4章で言及する。

2．暴力行為およびいじめの増加と低年齢化

　文部科学省の 2007 年の実態調査によると，公立および私立の小学校，中学校，高等学校を対象にした児童生徒による暴力行為は 6,663 件（小学校 695 件，中学校 5,214 件，高等学校 754 件）と過去最多であることが報告された。そして，暴力行為の内容には「器物の破損」「教師への暴力」があげられ，昨今では暴力行為の対象が教師だけではなく親や同級生，時には見知らぬ他者にまでも拡がっており，そういった人々を殺傷する事件が後を絶たないきわめて深刻な事態にある。

　一方，陰湿化するいじめへの対策も重要な課題である。最近は，インターネットの掲示板を利用し悪口を書き込む陰湿なものや，悪ふざけや遊びとの見きわめが難しい巧妙ないじめが多く，いじめの実態が表面化しにくい。

　従来のいじめの定義は，「自分よりも弱い者に対して一方的に，身体的・心理的な攻撃を継続的に加え，相手が深刻な苦痛を感じている」という内容であった。しかしながら，一見すると他愛のない行動（からかいや軽く叩く等）が，その対象となった子どもにおいてはとても苦痛であり，耐えがたいものであることが少なくない。そのため，文部科学省は 2007 年に，従来のいじめの定義の文言から「継続的」「深刻」の言葉を削除し，定義を拡大化した。

　暴力行為やいじめを引き起こす要因としては，家庭等の環境的な問題に加え，子どもたちの他者を思いやる気持ちの欠如，他者との適切な関係のもち方や自分を抑制する力の脆弱さ，規範意識の乏しさ等も関連している。暴力行為やいじめが低年齢化しているという現状を踏まえると，親や保育者は，子どもたちの育ちにおける人間性や規範意識の重要性をしっかりと認識したうえで，幼児期からそれらの力を養い，積み上げていかなければならない。

3．不登校，ひきこもり

　文部科学省の 2006 年度の調査によると，病気や経済的理由以外で年間 30 日以上欠席した不登校の児童生徒の割合は 35 人に 1 人であり，特に中学校に占める不登校の割合は過去最高であることが明らかとなった。この数値は，1 学級に 1 人は不登校の児童生徒が存在することを示している。ただし，不登校の統計には，保健室登校をしている者が含まれておらず，必ずしも正確に実態が把握されてはいない。それゆえ，実際的な不登校の児童生徒の人数は，明示されている人数よ

理論編

りももっと多く存在すると推測される。

　不登校に至る要因としては無気力や非行が最も多く，その他にはいじめがあげられる。特にいじめによる自殺が相次いだことは記憶に新しいが，文部科学省は不登校の増加の一因として親や教師がいじめを回避するために不登校を選択させていることが関与しているのではないかと言及している。

　さらに，不登校やひきこもりの背景には，発達障害の関連性も指摘されている。発達障害のある子どもたちは，周囲から障害があることに気づかれず，からかいの対象になりやすい。また，発達障害によってもたらされる困難に対して適切な支援がなされなければ，発達障害のある子どもたちは失敗経験をくり返し，挫折感や自尊心の低下を招き，最終的には不登校やひきこもりなどに至る。

　前述したいじめや不登校やひきこもり等の心の問題は，子どもたちの健やかな発達に影を落とすものである。このような子どもたちの心の問題の増加や深刻化を受けて，厚生労働省は 2008 年度から，全国に子どもたちの心の健康を支えていくための専門機関や病院の設置に乗り出すとしている。

3節　子どものニーズの多様化
― 一人ひとりの子どものニーズに応じた支援をめざして ―

　「支援を必要とする子どもとは，どのような子どもたちであるのか」と問われた時，どのような子どもをイメージするであろうか。おそらく，多くは重篤な障害や疾患を有する子ども，明らかに深刻な虐待を受けている子ども等が思い浮かぶのではないだろうか。

　従来，支援を必要とする子どもは，施設や病院等の専門機関といった特別な場所で支援や指導を受けている子どもたちが，おもにその対象としてとらえられてきた。しかし，子育て環境や家庭機能の変容に伴い，これまで家庭中心に育まれてきた生命維持・増進や心身の安定に欠かせない基本的生活習慣，社会生活において必要な規範等を，家庭で身につけさせることが難しくなっている。これらは，障害や重篤な疾患のように特別な配慮を有するとまでは言えない。しかし，子どもの現在と将来の発達に影響が及ぶ可能性があるならば，無視できない問題である。一見すると子どもの示すニーズが些細なものであっても，それがその子どもにとって生きにくさをもたらしている（今後もたらす可能性がある）ならば，親

や保育者等はその子どもの育ちが保障されるように環境を改善し，支援策を講じていかなければならない。すなわち，子どもの状態像の重篤度を指標として支援をとらえるのではなく，障害のある子ども，疾患を有する子ども，異文化をもつ子ども等を含むすべての子ども一人ひとりに応じた支援を提供していくことが求められている。

また，子どもたちのニーズの多様化に伴い，彼らへの支援の必要性が叫ばれるようになったことで，これまで支援の対象として見過ごされてきた（注意が向けられてこなかった）子どもたちの存在も浮き彫りになった。

たとえば，障害のある子どもに関して言及すると，療育機関や特別支援学校★5等に在籍する子どもたちは，障害児教育の領域で教育や指導の対象とされてきたが，通常の小学校・中学校の通常の学級に在籍する全般的な知的発達の遅れがない子どもたちは，学習面や行動面，心理面において何らかの支援を必要としていても，適切な対応が講じられてこなかった。このような実態を踏まえて，文部科学省は2007（平成19）年より，障害の程度に応じて教育を行なう障害児教育から，一人ひとりの子どものニーズに応じた教育を行なう特別支援教育へと転換を図った。この教育理念は，その子どもが有する本質的な障害とそれによってもたらされるニーズ，さらに，そこに関連するさまざまな事象を含めてその子どもをとらえていく障害観の転換にもつながる意義深いものである。

また，近年の国際化の進展に伴い，わが国には多くの異なった文化をもつ外国籍・外国にルーツをもつ子どもたちが生活している。最近ようやく，彼らに対する日本語指導教室の開設や保育所・幼稚園や小学校での支援体制が講じられるようになってきた。しかし，充実した支援体制が確立されるまでには，まだ多くの課題が残されている。

なお，子どもたちが有する個々のニーズについては，本書理論編の2～6章で詳しく解説することとする。

> **用語解説**
> **★5　特別支援学校**
> 2007（平成19）年の学校教育法の改正により，従来の盲学校，ろう学校，養護学校が複数の障害種別に対応できる特別支援学校に1本化された。また，特別支援学校は在籍する障害のある子どもの育て方に加えて，小・中学校に在籍する障害のある子どもの教育についても助言や援助を行なう地域のセンター的役割を担うこととなった。

理論編

4節 乳幼児とその家族に対する早期支援の目的と意義

1．保育所保育指針および幼稚園教育指導要領の改訂にみる保護者支援，家族との連携の重要性

　乳幼児期の子どもたちの支援は，彼らの生活の基盤である家庭（家族）に対する支援を切り離して考えることはできない。

　保育所保育指針の改訂（保育所保育指針改訂に関する検討会2007年）では，不安や悩みを抱える保護者の増加や養育力の低下といった保護者の子育て環境の変化を踏まえて，子どもの保育に加えて保護者を支援する役割を担うことを明示した。また，2008年の幼稚園教育指導要領（案）では，幼稚園が家庭と緊密な連携を図ることがあげられている。いずれも，子どもたちにとって生活の基盤であり，その担い手である家庭（保護者）への支援の必要性が強調されている。この動向からうかがえるように，子どもたちの育ちを保障するためには，最も身近な存在である家庭や親をはじめとする家族が直面している状況や抱えている問題を考慮し，支援に臨むことが必須となっている。

2．早期支援の目的と意義

(1) 子どもの育ちの基礎を形成する乳幼児期

　乳幼時期の子どもたちは，自分を取り巻くさまざまな事象（ものや他者）に関心を抱き，探索し，関わりあうことを通して外界から多くのことを吸収し，刺激を受けて成長していく。人間の生涯発達の中で，乳幼児期は身体面，知的面，情緒，社会性等のさまざまな発達的側面において著しい成長を遂げる。

　しかし，このことは裏を返せば，乳幼児期の子どもたちは，適切ではない環境や周囲の関わりによってもたらされる好ましくない影響も受けやすい状態にあると言えよう。

　乳幼児期の子どもたちへの不適切な関わりや過度のストレスは，彼らが健やかに伸び伸びと活動することを妨げ，彼らの今後の発達に負荷をもたらすこととなる。したがって，子どもたちの発達を妨げるような困難を最小限にとどめ，彼らが健やかに日常の活動に従事する機会を保障するために，子どもたちへの丁寧な関わりと，彼らの抱えているニーズや問題に真摯に対応することが乳幼児期では

特に重要となる。

(2) 二次的障害の予防と予後の改善

　たとえば，発達障害のある子どもたちの場合では，人との関わりが難しい，自己をコントロールする力が未熟である等の障害に起因する特性が周囲の目には奇異に映り，叱責やからかいの対象となりやすい。そのことは，発達障害のある子どもたちに自己評価の低下や過剰なストレスを招く。また，外国籍や外国にルーツをもつ子どもたちの場合では，日本語指導の場が不十分であるために生活に必要な語学力が育まれないまま就学し，その結果，授業についていけなかったり，仲間関係を築くことができず居場所をなくし，不登校に陥るケースがある。

　学習面や心理面，社会性等において，何らかの困難が引き起こされるリスクがある（高い）と予測される特別なニーズをもつ子どもたちに対して，早期の対応を講じることは，不登校，非行等の二次的障害を予防し，問題を複雑化，深刻化させないためにきわめて重要である。

　また，発達障害のある子どもたちにおいては，幼児期の適切な対応によって予後が改善されることからも早期支援の必要性はきわめて高い。

(3) 家族の力（機能）を高める

　わが国では，子どもたちの基本的生活習慣や規範，自制心等を育む家庭（親）の教育力の低下が大きな問題となっている。子どもたちを専ら身近で支えるのは親を中心とした家族であるが，家族の機能が低下していれば子どもの問題やニーズに十分に対応することは難しくなる。乳幼児期が子どもたちの発達にとってとても重要な時期であることを踏まえれば，親や家族の子どもたちの育ちを支えていく力（機能）を高めることは不可欠である。

　米国では，乳幼児期の子どもを養育する家族への取り組み（Early Intervention）に，家族の力（長所）を強化することを掲げている。これは，家族が支援者やサービス提供者への依存を予防することを目的としている。

　わが国では，近年，子育てやさまざまなニーズをもつ子どもたちや親に対する支援が整備，充実されている。支援が豊富になることによって，家族が自分たちの力でしていかなければならないことや，対応可能なことまで支援機関（支援者）やサービスに頼りきってしまわないために，早期の段階で家族の力（機能）を高めていくことは重要である。

理論編

（4）健やかな育ちを継続させるために――移行先との円滑な連携に向けて――

　ある時期に子どもたちが培った力や経験は，その後も様相を変えながら彼らの育ちを支えていく糧となる。また，このような保育現場で蓄積された個々の子どもたちに関する情報は，子どもたちを引き継ぐ小学校の教師が，個々の子どもにどういった支援や指導を行なえば彼らの力を引き出すことができるのかを考えていく際の手立てとなる。

　保育所および幼稚園で実施された取り組みやそれに伴う情報は，子どもたちが生き生きとその後の生活を送っていくことを保障するために，そして，次にその子どもたちの教育や支援を引き継いでいく教師や支援者を支えるうえで意義のあるものと言えるだろう。

3．家族を中心とした早期支援の考え方――米国における早期介入の実際――

　米国ノースカロライナ州チャペルヒルにあるノースカロライナ州立大学附属機関のフランク・ポーター・グラハム子ども発達センターは，家族を中心としたEarly Intervention を進めるにあたって留意すべき9つの原則を提示している。（表1-2）。

　米国では，個々の家族のニーズは多様であるとする考えから，個別の家族サービス計画（Individualized Family Service Plan: IFSP）が策定されている。このサービス計画は，0〜2歳の子どもと暮らす家族を対象に策定することが法的に規定されている。なお，わが国では同様の形態として，保育・教育現場で個々の子どものニーズに応じた教育的支援を行なうために個別の指導計画が作成されている。しかし，個々の家族のニーズを中心的に取り扱った支援計画はなく，それに基づく実際的な取り組みも確立していない。

　表1-2に示した家族を中心とした早期支援の考え方や具体的な支援方法の1つであるIFSPの策定は，今後，保育者が家族を含めた子どもたちへの支援をわが国で進めていくうえでの有益な手立てになると考えられる。

4．「家族支援」の視点から子どもたちの育ちを支える

　家族の個々人が有する独自の特徴やニーズは，家族内で相互に影響しあう。すなわち，家族は特定の家族メンバーに何らかの影響（問題）がもたらされると，その他の家族メンバーや家族全体にその影響が波及される相互依存的関係にある

表 1-2　Early Intervention における家族への支援を進めていくにあたって留意すべき観点

①家族を中心とする	サービスが提供されている間も，家族は絶え間なく子どもの生活の中に存在していることを留意しておかなければならない。
②生態学的観点をもつ	専門家は，子どもとその家族を取り巻くさまざまな状況が相互的に関与していることを考慮しなければならない。
③個別化する	個々の子どもや家族によってニーズが異なっているため，サービスは個々に適合するように個別化されなければならない。
④個々の家族が有する文化を尊重する	家族は異なった文化をもった集団である。したがって，家族の多様性を重視し，家族の価値観や信念に合ったサービスを提供することが必要である。
⑤家族がもつ力を強化する	サービスを提供することによって，家族の自立を助長しなければならない。
⑥家族のニーズに基づく	支援は，家族が表出した関心の高いものから着手し，家族が優先している問題に関わるサービスを同定する。
⑦きちんと整理されたサービスを提供する	体系化されたサービスシステムに家族がアクセスできるようにする。
⑧ノーマライゼーション	サービス・プログラムは，子どもと家族が地域社会の中での受け入れを推進するように機能しなければならない。
⑨協働で取り組む	早期の介入サービスは，家族と専門家との協働関係に基づいていなければならない。

（図1-1）。具体的には，子どもが何らかのニーズを有していれば，そのことが母親に心理的な不安やストレスをもたらす。そして，仮にそういった母親の不安が夫に理解されない場合には夫婦間のいさかいをもたらし，それにより他の子どもたちも落ち着きをなくし不安定になるといった状態である。

　家族が相互に影響を及ぼし合う関係にあることを踏まえると，子どもたちの抱える問題やニーズに対し支援を講じていく際には，それらが家族の中でどのように位置づけられているのかを把握しなければならない。特に表面化している子どもの問題の原因（問題を悪化させている要因）が子どもの個人的要因によるものでない場合には，子どもに焦点を当てた対応だけでは子どもの状態像を解決，緩和することはできない。したがって，家族を支援するという視点をもって，いかに子どもの健やかな育ちを支えていくべきかを考えることが大切である。

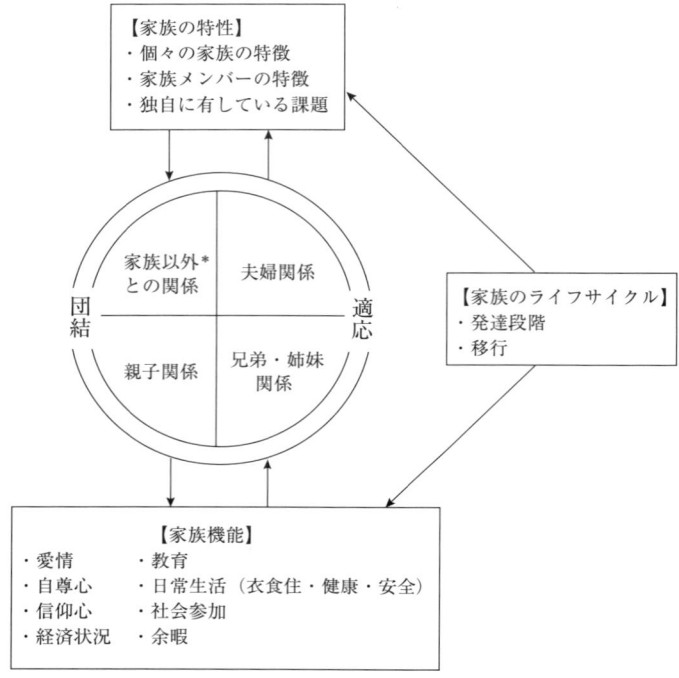

＊：家族以外とは，友人，近隣住人，専門家を含めた地域で関わる人々を示す。

図 1-1 家族システムの枠組み（Turnbull et al., 1984）

　また，家族メンバーだけでなく家族外の人物（友人，近隣住人，支援にあたっている専門家等）も，家族関係に影響をもたらす要因として位置づいていることも忘れてはならない（図 1-1）。保育者や支援者の子どもたちおよび保護者への関わりは，彼らを支え良い方向に導いていく半面，状態を悪化させるリスクもはらんでいる。それゆえ，保育者や支援者は，自分たちが常に家族関係に影響を及ぼす存在であることを心に留めて，子どもや家族を支援していかなければならない。

● 引用・参考文献

内閣府　2007　平成 19 年度版青少年白書
内閣府　2007　平成 19 年度版少子化社会白書
Richard, G., & Kilgo, J. 2004 *Young Children with Special Needs*. New York: Delmar.

Turnbull, A. P., Summers, J. A., & Brotherton, M. J 1984 *Working families with disabled members: A family systems approach.* Lawrence, K. S: University of Kansas, Kansas Affiliated Facility.

<謝辞>

　本章では，2006（平成18）年度科学研究補助金若手研究（スタートアップ：課題番号 18830105）で実施した内容の一部を掲載した。IFSP に関する文献および資料の収集にあたりご尽力いただきましたノースカロライナ州立大学チャペルヒル校教授 Dr. Simeonsson と同大学附属機関 FPG Child Development Institute の研究員 Ms. Catlett に心よりお礼申し上げます。

理論編

誕生前からの支援を考える

　少子化が進行する現在，子育て支援の必要性が声高に叫ばれているが，その多くは出生後の育児を対象にしたものである。子育て中の保護者の抱えている不安や家庭だけでは解決することが困難な問題等を早期に発見し，それらへの対応のあり方について専門機関と連携し改善を図っていくことは，非常に重要である。しかし，近年，深刻化している虐待の問題については虐待に至ってから支援を行なうのではなく，未然に防ぐという観点から支援を行なうことが大切である。つまり，「生まれてからの子育て支援」だけではなく，「生まれる前から子育てを考えることを支援する」という視点が必要である。

　本章では，虐待への予防的観点から妊娠期および出産期の妊婦とその家族への支援について概説する。

1節　潜在的な虐待の可能性と予防

1．子育ての孤立化

　核家族化や地域社会の弱体化が人間関係の希薄化をもたらしている現在，子育て中の親にとって，インターネットで氾濫する子育て情報が身近な相談者にとって代わりつつあり，人間関係の希薄化にますます拍車をかけている。このような子育てをめぐる社会環境の変化は子育ての孤立化を招き，虐待を引き起こす要因の1つとして指摘されている。

　子育てをする親は誰しも，大なり小なりわが子に対して，「なぜ？」「どうして？」といらだちを覚えることや，思うようにいかずやるせなさや虚しさ等の負

の感情を経験する。そのため，時には思わずわが子に手をあげたくなることや，わが子をかわいく思えず子育てに嫌気がさしてしまうこともある。このような気持ちが生じた時に身近に相談にのり，話を聞いてくれる存在があれば，子育ての中で引き起こされる親の否定的な感情は軽減される。しかしながら，近隣や地域の人々との関わりが希薄化している現在においては，親身になって悩みを聞いてくれる支援者を求めることがとても困難な状況となっている。

　子育てに関わる支援体制が物理的に充実していないことに加えて，誰からの手助けも得られず，密室化された空間の中でわが子と長い時間を過ごし子育てに取り組まなければいけない親（特に養育の大部分を担う母親）の抱えているストレスが深刻化した時，わが子に対する日常的な負の感情は増幅し，「虐待」という状況への一線を越えてしまう可能性が高まる。つまり，子育ての孤立化が浸透する現代においては，どの親であっても虐待に至るリスクがあり，虐待は特別な問題ではないということを心に留めておかねばならない。

2．虐待の世代間連鎖

　子育ての孤立化によって引き起こされる虐待は，誰にでも起こりうる現象である。その一方で，虐待は，世代間連鎖によって引き起こされるケースが多いことも指摘されている。虐待の世代間連鎖とは，過去に虐待の被害を受けた者が大人になり，子どもを育てる立場になった時に虐待の加害者になってしまうという負の連鎖である。

　では，虐待の世代間連鎖はどのようにして引き起こされるのであろうか。

　東京新聞特別報道部の稲熊（2001）は，虐待に悩む親，児童相談所，児童養護施設等の担当者や精神医療の専門家，ケースワーカー等，延べ100人以上の関係者に取材を行なった。その結果，虐待の世代間連鎖が引き起こされる過程には，虐待を受けた者が過去に自分が虐待を受けて生じた怒りや憎しみの感情を抑圧したまま親になることで，育児の中でうまくいかない場面（たとえば，子どもがなかなか泣きやまない，言うことを聞かないなど）に直面した時に，過去の封印していた感情が本人（親）の意思とは無関係にフラッシュバックし，怒りなどの感情が目の前のわが子へと向かうことで起こると言及している。

　「親子連鎖を断つ会」を主宰する長谷川は，この虐待の世代間連鎖を克服する有効な手段の1つとして虐待された当時の出来事や感情を思い起こし，言葉で

用語解説

★1 カタルシス
無意識に抑圧されていたものを、外に向けて表現することにより、これまで押し込められていた感情が解放され心の整理がつくこと。感情があるべきところへと治まり、気持ちの整理がつくこと。

★2 記憶の再統合
過去の経験を思い起こし、整理していくこと。記憶を正しく整理するには、まずはその記憶を受け入れることから始まる。過去の記憶をたどり、受け入れたうえで、分かれていた記憶を1つにまとめていくこと。

★3 認知の再体制化
事実をはっきりと認め、それが何であるかの判断、解釈を行ない、事実を正しく全体の中に位置づけていく作業。

整理しながら「語る」ことの必要性をあげている（東京新聞特別報道部,2001；長谷川,2003）。長谷川は，自分を虐げた人に対して抱くべき抑圧されたマイナスの感情（怒りなど）を「語る」ことは，怒りを（目の前のわが子ではなく）本来の対象に戻す機能（カタルシス[★1]，記憶の再統合[★2]，認知の再体制化[★3]等）があるとし，「語り」は本来，経験されるべきはずだった感情（怒りや悲しみ）の存在に気づかせる。そして，「語り」が最終的にめざすのは，自己の抑圧した感情への洞察を深めていくことを通して，否認していた虐待の真実を「受容（悟り）」していくことであると述べている。このように，「語る」ことは封印していた忘れ去りたい過去を直視し，抑圧してきた怒りや憎しみの感情に目を向け，その感情を本来向けられるべきところへと治めるプロセスであると言える。

また，自分の感情を「語る」には，批判なく過去の事実を聞いてくれる存在が必要となる。自分の辛い経験に耳を傾けてくれる存在がいることは，失った自分の価値を回復させることにつながっていく。

虐待の世代間連鎖を断ち切るには，まずは自らの経験した虐待の事実を正しく認識することが必要であり，虐待を受けた者が父親や母親となる前に，あるいは親になったあとで自らの虐待の体験を語れることが重要となる。しかしながら，この作業は，精神的に耐え難い苦しみを伴う。そのため，特に本人が妊娠期にある場合には，過去の複雑な感情の整理を行なうことで胎児に影響が生じる恐れがあるため，支援の時期を慎重に考慮し進めていくことが大切である。

3．聖母信仰によるストレス

虐待に至る3つ目の要因としては，3歳児神話や母性愛神話にみられる聖母信仰[★4]があげられる。これらについては育児不安の問題が顕著になったことにより，1998年の厚生白書で「三歳児神話には合理的根拠がない」との見解が発表された。

しかし，大日向（2002）は，高度経済成長期に「男性は仕事」「女性は家庭」といった性別役割分業を推し進めるために，一度人々に刷り込まれた意識は容易に変わるものではないと指摘している。加えて世間は，「時には子育てを放棄し，少しの間でいいから子ども

用語解説

★4 母性愛神話
女性には母性が生得的に備わっており，本能的に子育ての適性を兼ね備えているため子育てにとって母性愛ほどすばらしいものはないとする考え方。この考え方が，潜在的に母親を追い詰めているケースは少なくない。

から解放され自分ひとりの時間をもちたい」とする母親の気持ちを認めないとしている。また，何より母親自身が「母親は子どもを愛するはずだ」という思いにとらわれているため，わが子に抱いた嫌悪感を表出できず自分を責めやすくなる。聖母信仰に縛られている母親にとっては，わが子に負の感情を抱くことは自分が母親失格であると公言するに等しい。したがって，母親をはじめ母親を取り巻く人々，そして社会全体が聖母信仰の呪縛から解放されることこそが虐待の予防には必要である。

4．虐待への予防的アプローチ

猪熊（2001）は，「育児とは元来，忍耐のいる作業であるため全ての母親は四六時中いつもわが子が可愛くてしかたがないわけではなく，常に育児に充実感を得られるとは限らない」と述べている。また，猪熊は，母親の中にはめざしていたキャリアを捨てる，あるいは休職するなどの一定の犠牲を払って子育てに専念している者が多いと述べ，自分の欲求や感情を払拭し子育てに没頭できる母性本能はないとしている。このような状況の中で子育てに取り組む母親が，時にはわが子に嫌悪感を抱き，葛藤しながら子育てに従事することは自然なことであると言える。

ただし，ここで重要となるのは，わが子に対して負の感情を抱いた時に，親がわが子の愛くるしい笑顔，しぐさ，愛おしくて仕方なかったシーンなどを想起し，自分の気持ちに折り合いをつけられるか否かである。子どもをもつことで得られる「幸福の記憶」は，わが子に対する負の感情の暴発を抑える緩衝剤となる。多くの親が，わが子に対して怒りを感じることがあっても虐待までに至らずに済むのは，「幸福の記憶」の影響が大きいとされている。したがって，親がわが子から得られる「幸福の記憶」をできるだけたくさん感じられるような子育て環境を

2節　子育ての準備・スタートとしての妊娠期および出生期の重要性

1．妊娠期は学びの好機

　一般的に子育て支援というと，その対象はすでに子育てに取り組んでいる親を示していることが多い。しかし，子育て支援を考える時，子どもが生まれてから後の子育てだけに焦点を当てた支援だけでは十分とは言えない。

　子育ては，子どもが誕生したその瞬間から始まる。しかし，子どもはある日突然に生まれるのではなく，10か月ほどの期間を胎内で過ごしている。その間，新しい生命を授かった母となる女性は，自らの体の変化を感じながら胎内の命に常に思いをめぐらし，産まれてくるまでの時間をともに過ごすこととなる。これは，妊婦のかたわらにいる家族（夫や祖父母等）も同様である。

　出産までの期間は，胎児という新しい命が世に誕生するために胎内で成長させるための重要な時間であるとともに，これから親となる者にとっても自分が親として生まれ来る子どもにどのように向き合っていくかを考える貴重な時期でもある。特に，妊娠した女性においては，胎内でもう1つの命を育んでいるため感覚や感受性が鋭くなる。妊娠中の女性はおのずとこれまで以上にいろいろなことを感じ，考えるようになる。

　妊娠期間中は，子どもを育てる者としての自覚や出産に向けての心の準備をするための非常に重要な時期であるが，同時にさまざまな不安を感じる時期でもある。新しい命の誕生を迎えるこの時期にこそ，母親となる女性と彼女たちを取り巻く家族（夫や祖父母等）に向けて出産前に学びの機会を意識的かつ積極的に設けることは，家族全体が主体的な出産に臨むための支援，つまりは子育て支援の一環となる。

2．子育ての出発点としての出産

　子どもをもつことで親が得る「幸福の記憶」として最大の出来事は出産である。そのため，子育てのスタートである出産をどのように迎えるかを出産前から熟慮することは，きわめて重要である。助産師である山本（2007）は，出産にあたっ

て留意すべきこととして以下の点をあげている。

①女性が妊娠・出産の経過に十分に納得していたのか
　　何か異常な兆候が出てきた時やその後に何らかの処置や手術が必要な時に，その長所や短所を含めて妊婦が納得できるような説明を受け，自分で決めて出産を迎えたか否かが大切である。自分が納得していれば出産に悔いはなく，育児や人生に前向きになれる。そうでない場合，気持ちを後々まで引きずることになりかねない。満足のいくお産を体験した女性は，より一層わが子を大切にし，育児を楽しむ。
②生まれた直後のスキンシップの大切さ
　　子どもに手をあげそうになった時，生まれたての赤ちゃんを抱いた時の弱々しい，はかない感じや羊水のぬるぬるした感じを思い出して手が止まったという人が多い。
③助産師や医療従事者に尊厳をもって扱われる
　　子どもを見るたびに，まわりの人たちのおかげでわが子が無事生まれてきたといつも感謝の気持ちを感じる。また，自分が傷つかず出産を終えることができたのは，赤ん坊が上手に出てきてくれたおかげだと感謝する。
④出産を契機に夫が変わる
　　妻のお産に立ち会い，命がけの出産を目の当たりにした夫は，妻に感謝し，妻やわが子をとても大切にする。お産がきっかけで変わった妻を見て夫が変わる。そして，夫が変われば家族が変わり，家族が変われば社会が変わる。

　以上のように，山本は，最近頻繁に起こっている子どもの虐待には，お産の体験が関係しているのではないかと指摘している。子どもが産まれるということ，そして，その時に母親となる女性と家族がどのように出産に向き合ったのかが今後の育児も含めその人々の生き方に大きく影響をもたらしていく。
　保育者や支援者は，助産師のように出産に直接に関わることはない。しかしながら，出産は子育ての出発点である。そのことを踏まえると，今後，子育て支援に携わる支援者は，出産の重要性を心に留めておく必要がある。

3節　よりよいお産と育児に向けた取り組み：出産から始まる親子関係

1．出産直後の早期母子接触の重要性

　イタリアの精神科医であるモンタナーロ（Montanaro, 1991）は，赤ん坊が母乳以外のものを食べて消化できるようになり，母親から離れてはいはいできるようになる9か月頃までを「母胎外での妊娠期間（exterogestation）」と位置づけている。そして，この時期は母親の腕が子宮の代わりとなり，母親の乳房が胎盤であり，臍の緒であると述べている。また，モンタナーロは，母親が出産によってわが子が自分の胎内からいなくなる喪失感を自分の腕の中にわが子を抱くことによって解消する必要があるとし，出産直後からの母子のふれあいの重要性を指摘している。誕生直後からの母子のふれあいがしっかりと保たれてこそ，誕生という分離を経ても確かに他者とつながれるのだという感覚を母親と子どもの双方が感じ，愛着という結びつきを獲得することができる。

　さらに，モンタナーロは，誕生後の初めの数週間を「母子共生期」と呼んでいる。この言葉の原語となっているsymbiosisには，「共に生きる」という意味があり，生きるために欠くことのできないものを互いに与え合うために，互いを必要とすることを表わしている。人間は，ひとりでは生きていくことはできない。誰かの存在によって初めて生きることができる。だからこそ，出産後の母子のふれあいは重要である。

　出産後の母子のふれあいを保障していくために，妊娠期から出産について考えていくことは必要である。近年，各自治体では，妊婦やその家族を対象にして母子健康手帳の交付をはじめとし，近年各自治体では，妊婦教室の開催やプレパパ・プレママの育児セミナー等のさまざまな取り組みが実践されている。しかしながら，それらはいずれも出産そのものに焦点を当てた取り組みではない。これからは，早期母子接触の重要性を踏まえたうえで妊婦や家族の出産に対する意識を高め，主体的なお産を迎えることができる

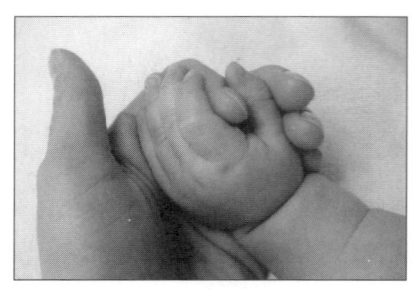

図2-1　出産後の母子のふれあい

ように支えていく取り組みが進められることが望まれる。

2.「産まされる」から「産む」出産へ─主体的なお産のもつ意義─

かつて日本には「お産婆さん」として親しまれた助産師に手を添えてもらい，新たな命を自宅で迎える自宅出産がほとんどであった。しかし，敗戦後，GHQ（連合国軍総司令部）の指導によってお産は管理されたものとなり，1960年頃には日本における施設出産と自宅出産は半々となり，その後10年ほどでほぼ100％が病院出産に移行している。そして，現在では安全性と「なるべく楽に」を前面に打ち出した病院での出産が一般的なものとなっている。

病院では，産後は母子ともに休息が必要であることから，その体調管理のため，赤ちゃんは新生児室へ，母親は病室へと分けられる。この対応は母親に親としての意識の低下を招き，赤ちゃんにおいては母子相互作用による刺激が不足してしまう。つまり，双方に早期母子接触の不足をもたらすことになる。また，誕生直後に母子を分離することは，母乳育児へのスムーズな移行に支障をきたす要因にもなり得る。もちろん，母子の命の安全を保障するために医療行為が必要な出産もある。しかし，必要以上に出産に医療が関与することにより，妊婦の出産に対する主体性が奪われていることが懸念される。

妊婦の出産に対する主体性の低下は，出産時の体勢においてもうかがえる。病院での出産体勢は，大半が選択の余地なく仰臥位である。この重力に逆らう体勢で産まなければならない仰臥位は，産ませる側にとっては管理しやすい体勢であるが，産む側と生まれてくる側にとっては自然な体勢とは言い難い。このことも，「産む」から「産まされる」出産を象徴している。

必要以上の医療行為の介入は妊婦を患者にし，お産があたかも病気であるかのように扱われる。その結果，妊婦は自然なお産からは遠ざかり，しだいに医療と医師に頼る「産ませてもらう」お産になってしまう。また，病院出産では休日の分娩が少ないため，そのこともまたお産を意図的なものにしてしまう。

しかし，昨今，一部の病院においては自然なお産を第一に考えて院内助産院を立ち上げ，母子のもつ力を信じ，その人らしいお産を支えることを重視するアクティブ・バース[★5]を実践している施設がある。また，できるだけ妊婦一人ひとりの思いを尊重し，出産後も母子同室を奨励している病院も見られる。

出産の場がほとんど病院に移行している現在，妊娠や出産がかつてのように身

★5 アクティブ・バース
医療に管理された出産ではなく、生む側が主体性をもって臨む分娩方法。出産に対する理解を深めたうえで、分娩台での出産にとらわれず女性と赤ちゃんが主役となり、自らの本能を大切にしながら自由な体勢で出産することにより満足と納得のいく分娩をめざす。

近なものではなくなっている。お産は日常生活から離れたところで行なわれ、そのことで多くの女性は出産について学ぶ機会がないまま自らの妊娠・出産を迎えている。

　お産について知らない、考えたことがなかったということだけを理由に、他人任せの出産となるのは非常にもったいない。赤ちゃんは生まれてくる力をもっており、また、母となる妊婦も胎内の赤ちゃんの声を聴き、呼吸を合わせて産む力をもっている。病院であれば安全であり、産ませてもらえるという意識では、赤ちゃんと力を合わせて成し遂げる出産の感動を十分に味わうことができない。お産により、赤ちゃんの生まれてくる力、母となる自分、また父となる配偶者や必要な時に手を添えてくれる助産師との共同作業で成し遂げることのできた感動を得ることは、その後の育児や人生に大きく影響する。そして、母親である自分と赤ちゃんが、もっている力を精一杯発揮できたと感じ、力を合わせて1つのことを成し遂げたという感動を得たお産から育児をスタートさせることは、母親の自信となり、その後の育児でさまざまな問題にぶつかった時の心の支えにもなる。

　人間に備わっている力や本能を実感し、人間としての本能を呼び覚ます自然なお産を経ることは、豊かな感受性とゆとりのある子育てにつながると考えられる。

　子育ての出発点である出産の重要性に注目し、妊婦や新たな命を迎え入れる家族を対象にお産について考える機会を設け、その意義を広く発信していくことが今後一層求められる。

3．「よりよいお産と育児を考える会」の取り組み

　お産について考える機会や知識を提供していこうとする活動は、助産所で出産した母親や助産師を中心とした会や子育て中の母親を中心とした会などを通して取り組まれている。その1つに、「よりよいお産と育児を考える会」がある。

　「よりよいお産と育児を考える会」は、2003（平成15）年11月に兵庫県立総合衛生学院助産学科の廃止案が県当局より出されたことをきっかけに、この問題を一学校の廃校という問題ではなく、助産師不足や女性に対するケアの低下につながる問題であると考えた卒業生を中心に結成された「兵庫県立総合衛生学院助

産学科の存続を求める会」が母体となっている。同校の存続が決定された後も，兵庫県民の健康と出産の安全を保障するために助産教育を充実させること，また，会員が知識や技術を高め，それを還元することを目的とし，会の名称を「よりよいお産と育児を考える会」と変更し，運営されている。

> **用語解説**
> ★6　バース・プラン
> お産・育児に際し，どのようなお産にしたいかイメージをもち，希望や願いを記すもの。これは，助産師や医療関係者と産む側の双方が，納得のいくお産にしていくための手だてとして有効な資料となり得る。お産の場所，雰囲気，産み方（体勢）の希望，またお産の時や産後に周囲の人々（家族・医療者）に望むこと等を記す。

　母親と助産師を中心とした「よりよいお産と育児を考える会」では，その名の通り「よりよいお産がよりよい育児につながる」という意識のもと，定期的にお産や育児に関する「お産の学校」と題した勉強会やシンポジウムが企画されている。ここでは，バース・プラン★6の作成や母乳育児，安産に向けたマタニティ・ヨガや整体，鍼灸の知識等，お産にあたっての知識を共有し，1人でも多くの女性がその人らしいお産ができるようにとの趣旨で活動が展開されている。

　今後，子育てに関わる保育者や支援者は，子どもの健やかな育ちを支える1つの手立てを得るためにこのような取り組みを学び，子育て支援の一環として積極的にこのような活動を保育現場の中で啓発していくことが必要である。

● 引用・参考文献

長谷川博一　2003　たすけて！私は子どもを虐待したくない－世代連鎖を断ち切る支援－　径書房　p.39.
稲熊均　2001　はじめに，連鎖・母たちの傷　東京新聞特別報道部（編）　連鎖・児童虐待　角川書店　p.7, Pp.95-96.
松尾恒子　1996　母子関係の臨床心理　日本評論社　p.15.
Montanaro, S. Q.　1991　*Understanding the Human Being The Importance of the First Three Years of Life.* California: Nienhuis Montessoi. マリア・モンテッソーリ教育研究所（訳・監修）2003　いのちのきずな　KTC中央出版　p.47, p.70.
大日向雅美　2002　母性愛神話とのたたかい　草土文化
東京新聞特別報道部（編）　2001　連鎖・児童虐待　角川書店
山本令子　2007　山本令子助産師さんからのメッセージ〈2006年5月30日口述原稿〉　金谷奈美・森本由紀・坂野恵子（編）　りぼーんトーク文集 & 総集編　おおなみこなみ　Pp.57-63.

3章 家庭環境から派生した問題を抱える子どもたち

　現代の日本社会の特徴としては，少子化，核家族化，女性の就労率の増加，離婚率の増加等があげられる。そして，乳幼児期の子どもを直接的に取り巻く環境である家庭においてもさまざまな問題が生じている。たとえば，健康面においては，朝食欠食・孤食・偏食等の食生活の乱れ，夜型傾向等の生活リズムの乱れが顕在化している。その結果，朝から眠気やだるさ，やる気のなさ等の不定愁訴[★1]を訴える子どもたちが増え，学童期以降での学力や体力低下，心の問題をもたらしている。このような現状の中，幼稚園教育要領及び保育所保育指針の改訂においては，「幼児期における基本的な生活習慣の欠如」が重要課題の1つにあげられており，乳幼児にとって心地よい生活リズムを形成するためには，保育者がその子どもや家庭に対してどのような援助をするべきであるかが問われている。また，テレビ中心の個室化が目立ち，親子間コミュニケーションの乏しさが社会性の欠如を招いていると言われている。

　本章では，乳幼児期の生活習慣に関する問題点，人間関係の中に見られる心の問題をとらえながら，子どもたちを取り巻くよりよい環境づくりについて探っていく。

用語解説

★1　不定愁訴
「頭が重い」「イライラする」「疲労感が取れない」「よく眠れない」等の，何となく体調が悪いという自覚症状を訴えるが，検査をしても原因となる病気が見つからない状態を指す。

1節 基本的生活習慣に関する問題

1. 食生活の乱れについて

(1) 朝食欠食

近年，幼稚園や保育所では，登園後ボーッとして意欲や元気のない子どもが目立ってきている（表3-1）。また，保護者の中には，登園中の車内や登園後に駐車場であわてて朝食をとらせる，朝食持参で園に送り出すといった様子が見受けられる。

金沢市内の小学生約400人を対象にして行なった1日6回の体温検査の結果（木村，2006）では，4つの体温変化のパターンが見つかった（図3-1）。最も良好な

表3-1 「最近増えている」といわれる幼児のからだのおかしさワースト5
（子どものからだと心白書2006，2006）

【保育所】

1979年	1990年	1995年	2000年	2005年
1. むし歯	1. アレルギー	1. アレルギー	1. すぐ「疲れた」という	1. 皮膚がさがさ
2. 背中ぐにゃ	2. 皮膚がさがさ	2. 皮膚がさがさ	2. アレルギー	2. アレルギー
3. 皮膚がさがさ	3. 背中ぐにゃ	3. すぐ「疲れた」という	3. 皮膚がさがさ	3. 背中ぐにゃ
4. 朝からあくび	4. すぐ「疲れた」という	4. そしゃく力が弱い	4. 背中ぐにゃ	4. すぐ「疲れた」という
5. 指吸い	5. そしゃく力が弱い	5. 背中ぐにゃ	5. そしゃく力が弱い	5. 保育中，じっとしていない

【幼稚園】

1990年	1995年	2000年	2005年
1. アレルギー	1. アレルギー	1. アレルギー	1. アレルギー
2. 皮膚がさがさ	2. すぐ「疲れた」という	2. すぐ「疲れた」という	2. すぐ「疲れた」という
3. すぐ「疲れた」という	3. 皮膚がさがさ	3. 皮膚がさがさ	3. 皮膚がさがさ
4. ぜんそく	4. 背中ぐにゃ	4. ぜんそく	4. 背中ぐにゃ
5. 背中ぐにゃ	5. ぜんそく	5. 背中ぐにゃ	5. 床にすぐ寝転がる

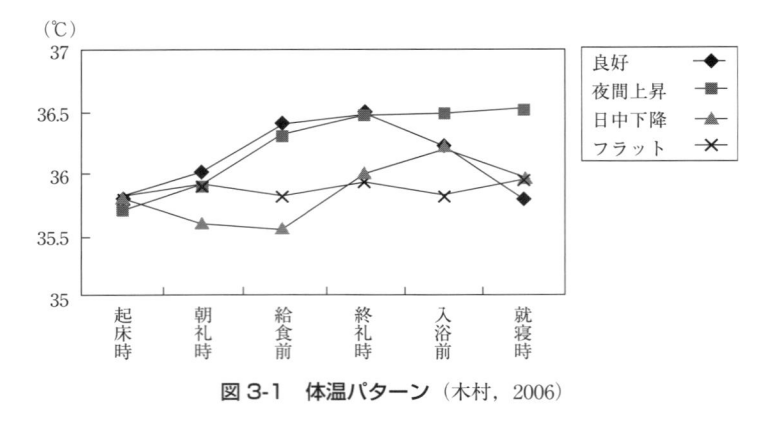

図3-1 体温パターン（木村，2006）

リズムを示す「良好群」では，起床時から午後4時頃にかけて体温が上昇し，その後，夜眠る頃には体温が下がる。しかし，夕方から夜にかけて体温が上昇する「夜間上昇群」，体温が上昇すべき昼間に下降する「日中下降群」，1日を通してほとんど体温変化のない「フラット群」では，子どもの食生活が大きく影響していると指摘されている。特に「日中下降群」と「フラット群」では，朝食抜きの子どもや朝食をわずかしか口にしなかった子どもに多く見られた。朝食を抜くことは低血糖の状態，つまり，脳とからだの双方に重要なエネルギー源が少ない活力不足の状態で午前中を過ごすことになる。この状態は，児童期では基礎代謝が低下することによってからだの老化を早め，成人病の発生を招きやすいとの指摘もある（鈴木，1993）。1日のエネルギーの源となる朝食を真剣に見直すことが必要である。

(2) 孤食

家庭やその他の社会生活の中で家族等とともに食事をとることが普通であるにもかかわらず，ひとりで食べることを余儀なくされる「孤食」の増加が問題となっている。たとえば，1993（平成5）年の国民栄養調査では，「朝食を子どもだけで食べる」家族の割合が30％を超え，1982（昭和57）年当時の調査結果の約1.5倍にもなっている。幼児期の孤食をもたらすおもな背景には，生活時間の乱れ，家族関係の希薄化等が指摘されている。そして，このような状況にある子どもは，食事内容そのものも不適切であるため発育・発達に必要な栄養素が十分に摂取で

きないこと，また，1日の食事リズムの乱れや心理的なストレスを伴うことが多いため心身に悪影響をもたらすと言われている。

昨今では孤食の形態が多様化し，「自分の部屋のほうがゆっくり食べられるから」「テレビを見ながら食べられるから」という理由から，自分の部屋で食事をとる個室化も増えている。ここでは，すでに食事がもつコミュニケーション機能が失われている。かつて，食事は家族が1つの場所に集い，日々の出来事等を伝えあう一家団らんのための場であり，家族間をつなげる大きな役割を果たしていた。家族で楽しく食事をする機会を体験すれば，将来食べることを楽しむ機会も増え，食事を通して人と交わる楽しさも実感していく。まずは，家族がそろって食事を楽しむ習慣をもつことから始めなければならない。

(3) 偏食

子どもたちの食生活の中には，自分の好きな決まったものしか食べない「固食」，スパゲッティやパン等の粉を使った主食を好んで食べる「粉食」，塩やしょうゆ等非常に味の濃い食事を好んで食べる「濃食」等も見られる。

子どもの好きな食べ物の上位として，以下のものがあげられる。

オ：オムレツ
カ：カレー
ア：アイスクリーム
サン：サンドイッチ
ヤ：ヤキソバ
ス：スパゲッティ
メ：メダマヤキ

これらそれぞれの頭文字をつなげると「おかあさんやすめ」という文章になり，どれも手間をかけない料理でありインスタントやレトルト食品であることがわかる。

栄養のバランスが取れた食べ物は，子どもの心身の発達には欠かすことはできないため，利便性を追求した現代の食生活を改善していく必要がある。特に，子どもの食生活には，家庭での食習慣が大きく関わってくる。幼い頃から子どもや調理する人の好みが中心となった献立になると，食事内容に偏りが生じる。家庭

では，1日30品目を理想とするバランスの取れた食事を目標とし，さまざまな食品を口にする機会を設けることが大切である。

2.「食育」の推進

　子どもたちの食生活の乱れに対し，文部科学省は具体的な対策の1つとして，2005（平成17）年に栄養教諭制度を創設するといった新たな動きを進めている。また，2006（平成18）年度の概算要求では，「食育推進プランの充実」を盛り込んでいる。さらに，各地域では食生活改善推進委員が配属され，乳幼児検診の機会を利用して離乳食をはじめとする個別の栄養指導を行なったり，親子料理教室を開催し，食に関わる正しい知識の習得を促す活発な動きが見られる。加えて，保育所保育指針の改訂案を概観すると，従来の項目には認められなかった「食育の増進」という大きな柱が打ち出されている。これらの動きから，現代の乳幼児を取り巻く食の問題について，真剣に取り組むべき時期にきていることがうかがえる。

　昨今では，食育プログラムを積極的に導入し実践している保育所や幼稚園が急増している。食育の目的は，乳幼児期から食の大切さや正しい知識を学び，豊かに食生活を送れるようにすることである。食べることは子どもの活動の源であり，食べて身体を動かして眠ることによって子どもの身体はつくられていく。すなわち，食べることは，生きることにつながっている。

　なお，食育で身につけたい力としては，次の5項目があげられている。

① 食べ物を選ぶ力：炭水化物（穀類，いも類），たんぱく質（肉，魚，豆類），ビタミン（野菜，果実類），ミネラル，カルシウム等，体に必要な食物をバランス良く摂取することができる力を養う。
② 味わう力：食べ物の味やおいしさがわかる力。かすかな甘味やうま味等の味覚は，自然の食材を実際に食べることで育つ。
③ 料理する力：さまざまな食材を使い，見る，聞く，触る，嗅ぐ，味わう等の諸器官を働かせて料理する力。食材を選び，調理器具を使うことで，子どもたちの創造力，集中力，ものごとを計画的に進める力も身につけることができる。また，親や保育者と一緒に料理することでコミュニケーションも生まれる。

④食べ物の育ちがわかる力：食材はすべて自然の中から生まれてくることがわかる力。実際に野菜を育て，収穫することで，自然や食べ物への感謝の気持ちも生まれる。
⑤自分の体について知る力：自分の体調の良し悪しを感じることのできる力。毎日，排便しているか，鼻水は出ていないか等を知り，健康な生活のためにどうすればよいのかを考える。

実際に保育所や幼稚園では，「好き嫌いをしないで何でも食べる，給食を残さないで食べる」といったことを目標に掲げ，野菜づくりを行なったり，料理パーティーを開く等，園独自の食育プログラムが展開されている（図3-2参照）。ここで大切なことは，たとえば，野菜の栽培を行なうのであれば，種や苗を植えることから収穫するまでの過程の中で，他の生き物から命をもらって自分の命を育てるといった命の尊さを知り，食を通して感謝する心を子どもたちに伝えていくといったように，食育を通して子どもたちに何を伝えていくべきかを熟慮することである。

保育所や幼稚園で得た食に関する知識が1回限りのものであれば，やがては子どもの記憶から消え去ってしまう。子どもの中に芽ばえた知識を育てていくためには，家庭内での働きかけも欠かせない。たとえば，野菜づくりを経験した子どもに対して，「この野菜は，どんなふうにして育つのか教えてくれる？」と問いかけて子どもの知識を引き出す，「野菜のお料理を一緒に考えてくれるかな？」と誘い料理の手伝いを経験させるといったように，周囲の大人が子どもたちに生

図3-2 保育現場で使われている手作りの「食育カルタ」

きた学習の機会を提供していくように努めることが必要である。

以上のように，食育の取り組みの形態は多様であるが，それらの活動を通して親（家庭）と子どもの結びつきが深まる機会になることが望まれる。

3. 幼児の夜型傾向

近年，幼児の睡眠時間の減少・睡眠不足が問題になっている。日本小児保健協会の2000年度の幼児の健康度調査によると，午後10時以降に就寝する幼児の率はいずれの年齢でもこの20年間で2倍以上になり，4～6歳という活動が最も活発になる年齢での夜更かし率は3～4倍になっている（図3-3）。

また，前橋（2007）が石川県内の約2万人の保育園児を対象に行なった生活実態調査においても，3～6歳児の各年齢の40％以上が午後10時以降の就寝という結果が報告されている。幼児期に夜間の睡眠として必要とされる10時間以上睡眠を満たしていない子どもたちは，全体の約8割も存在することが明らかになった。睡眠不足は，起床の遅れにもつながり，その結果，朝食摂取や朝の排便状況に影響を及ぼしていると考えられる。前橋は，睡眠不足の慢性化は将来的に学力や体力の低下，心の問題につながっていることを指摘している。

このように，幼児の就寝時間が遅いことによる弊害の第一は睡眠不足であるが，これと同時に寝起きの時間のばらつきも問題となっている。聖徳短期大学の調査チームが幼稚園と保育所に通う5歳児を対象とした調査（2005年）では，寝起きの時間にばらつきがある子どもの8割に，攻撃性や無気力等の問題が認められることが明らかとなった。つまり，睡眠リズムの乱れは，幼児の精神や知能に弊害をもたらすことを示している。

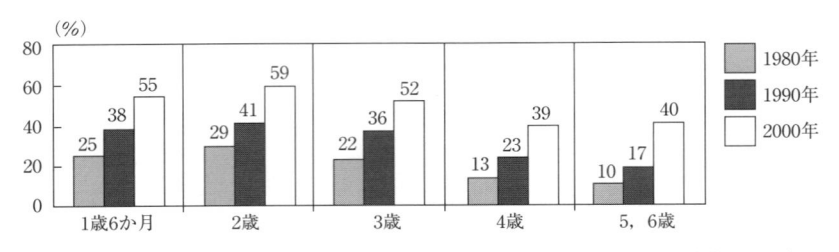

図3-3 乳幼児の午後10時以降の就寝時間の推移（日本小児保健協会，2001）

年齢	1980年	1990年	2000年
1歳6か月	25	38	55
2歳	29	41	59
3歳	22	36	52
4歳	13	23	39
5, 6歳	10	17	40

幼児にとって，睡眠は脳の発達に大きな影響を及ぼす。脳が未完成な子どもにとって良質の眠り，規則正しい眠りは大人の何倍も必要となる。睡眠中には，たとえば，脳や体の成長や回復に必要な成長ホルモン，また，情緒安定，性のコントロールや成熟に影響をもたらすメラトニン，快適な目覚めをもたらすコルチゾール等のホルモンが分泌されている。中でも，メラトニンは昼間にしっかり太陽の光を浴びることにより就寝中によく分泌される。そのため，子どもは日中，戸外で遊ぶことが大切になる。

他方，新生児期は昼夜の区別がつかないため乳児は昼夜を問わずよく泣くが，生後3か月頃より少しずつその区別がつくようになってくる。しかし，昨今では，親が自分の生活スタイルに合わせた養育を行なう傾向にあるため，何か月になっても昼夜の区別がつかず，昼夜逆転している乳児が多く見られる。

親の生活スタイルの夜型が進んでいることで，子どもの夜更かしに対しても抵抗感が薄らいでいる。しかしながら，子どもたちの心や知能を健全に育てていくために，親は就寝時間をなるべく早い段階で一定にするよう努めなければならない。目標は，「夜9時までに眠り，朝7時までに起きる」といった規則的な生活習慣リズムを身につけることが推奨される。このことは，従来の乳幼児検診や育児講演会等ではあまり重要視されてこなかった側面である。乳幼児の睡眠の必要性を訴えていくことも，今後の子育ての課題の1つである。

2節　人間関係の希薄さが招く問題

1．遊びを通して育まれる社会性

都市化や交通機関のめまぐるしい発展は，かつて（1960年以前）の広場やたまり場と呼ばれる場所を奪ってしまった。ここでは，年齢に関係なく誰でも遊びに参加できるルールが成り立っていた。遊び方は年長の子どもから年少の子どもへと伝授され，遊びのメンバーや道具等は常に子どもたちどうしでつくり出されていた。時には，遊びをめぐってけんかが起こるが，子どもたちどうしで解決し，仲良く遊ぶという関係性があった。集団遊びでは，自分勝手な行動がまわりの友だちに迷惑をかけ，遊びが中断されるといった経験を通して社会に必要な道徳性を身につけていった。また，大人数で取り組むダイナミックな遊びを通して，協

調性を学ぶこともできた。取っ組み合いやつかみ合いのけんかでは，自分自身が痛みを経験し，「こうなると，相手も本当に痛い」ということを知っていたからこそ，安全の限度を超える叩き方や殴り方をしなかった。しかし，現在は，このような体でぶつかり合う経験をあえて避けるために，人を傷つけてしまうことの重大さを理解できないまま大人になるケースが多く見られる。この問題は，ホームレス殺人事件をはじめとする，青少年による悲惨な事件に象徴されていると考えられる。

少子化によってきょうだいの数が少なくなった現代では，きょうだいで遊ぶことも，いたわり合いながら自分よりも幼い子どもに関わる経験が少なくなっている。最近は，同年齢の子どもと遊ぶ時でも，スポーツクラブや習いごとのない日を確認したうえでしか遊ぶことができず，その相手も多くて2，3人ほどで，体を使って遊ぶのではなく，家の中でのゲーム等といったお互いの交流の少ない遊びが主流となっている。このように，子どもたちの遊びは，戸外から屋内へと移行している。それによって，運動不足の問題や対物的な一人遊びに没頭する子どもたちが増えた。このような現状の中，日本小児医学会は，テレビを含むメディアの接触の低年齢化や長時間化は戸外遊びの機会を奪い，人との関わり体験やコミュニケーション能力の低下を生じさせている問題を指摘している。そして，以下に示した「子どもとメディア」に関する5つの提言を発表し，メディアが子どもの成長に及ぼす影響について考慮することの必要性を強く訴えている。

---

1. 2歳までのテレビ・ビデオの視聴は控える。
2. 授乳時・食事中のテレビ・ビデオの視聴は控える。
3. メディアの接触は1日2時間までにする。
4. 子ども部屋には，テレビ，ビデオ，パソコンを置かない。
5. 保護者と子どもでメディアを上手に使うルールを作る。

また，日本小児科学会こどもの生活環境改善委員会が，2004年にテレビと乳幼児の発達への影響を検討するため，都市部，中核市，農村地区の3か所の1歳6か月検診で1,900名について行なった調査では，子どもが4時間以上テレビを見ている家庭では有意語出現の遅れる率が高いことと，このようなテレビの影響に親が気づいていないことが示された。もちろん，こうした研究にはさまざまな

解釈があるため，テレビそのものが悪いという指摘はできない。しかし，乳幼児期において素話や絵本の読み聞かせ等を通じて，人とのコミュニケーションを深めていく環境こそが言語や心を豊かに育むために大切であると考えられる。現代社会では，テレビやメディアを避けて通ることはできない。どのように日々の生活の中に取り入れ，利用していくべきかを熟考していくことが今後の大きな課題である。

2. 自己をコントロールできない子ども

　近頃，保育現場では，わがままな子どもが増えてきたという声をよく耳にする。わがままと称される自己中心的な行動が目立つ子どもが，年少児だけではなく就学前の年長児にも見られる。たとえば，自分が一番前でないと気がすまず，友だちを押しのけて一番前に並んだり，昼食時はいつも担任の先生の隣に座りたがる等，さまざまな場面で身勝手な行動が見られる。このような子どもたちは，集団生活になじむことが難しく，周囲の仲間から倦厭（けんえん）されてしまうため，単なるわがままとしてはすまされない事態となる。

　特に家庭で好きなように過ごしてきた子どもたちが保育所や幼稚園の集団の生活に入ると，そこには折り合いをつけ，我慢しなければならないことがたくさん待ちかまえている。きょうだいの数が減少した現代の子どもたちには，この集団の場こそが最も貴重な経験の場となるのである。そこで保育者は，自由気ままに育ってきた子どもたちに我慢をすることを伝えていかなければならない。だが，大人の一方的な押しつけや威圧は，力に屈服するだけの嫌な経験でしかなくなり，子どもの思いは怒りや不満となって表われてしまうため注意が必要である。大切なことは，大人の意図を確実に子どもに伝えていくことである。

　1，2歳の低年齢児であっても，その年齢に応じた言葉や表現方法で何度もくり返しながら大人の思いを伝えていけば，子どもは大人からの心地よい反応とそうではない反応を敏感に理解できる。このような関わりを積み重ねることで，子どもは，「この人は自分のことをわかってくれる」という確信がもてるようになり，そこに信頼関係が生まれる。しつけをする際には，こちらの言っていることが子どもの心まで届いているのかを確認していくことが何よりも大切である。

　また，年長児ともなるとさまざまな問題にぶつかった時，自分自身で克服していこうとする問題解決能力も備わってくる。特に保育所や幼稚園等は，子ども自

身が人と折り合っていくことを学ぶための大きな役割を果たしている。暴力での解決はやがて自分自身が仲間はずれになることを学び，言葉での交渉は社会性を育て，譲り合う気持ちは優しさを育てる。しかし，時には大人の介入や過干渉が，このような子どもの学習の機会を奪ってしまう恐れもある。子どものもっている力や可能性を信じ，ある時は少し離れたところからそっと見守るような姿勢も必要である。

3. 他者の気持ちを理解できない子ども

　文部科学省は，全国の学校現場（小・中・高等学校）で把握されたいじめは約12万5千件であり，いじめが原因とされる自殺者は6人であることを児童生徒の問題行動等調査（2006年）で明らかにした。いじめの件数は，前年度の約2万件から約6倍以上に増えている。また，件数の増加に加え，保育所や幼稚園，小学校低学年でのいじめの低年齢化も見られる。

　北陸中日新聞のシリーズ「いじめないで」の読者体験には，次のような手記が掲載されていた。

> 　愛知県に住むYさんは，5年前，4歳の娘から思いがけない訴えを聞いた。それまで仲良しだった3人の女の子から，幼稚園で殴られたり，けられたり，通園バスの中でつねられたりするという。園の教諭に相談したが「ふざけているだけでは」と本気で取り合ってくれなかった。娘はだんだん無口になり園に行くのを嫌がるようになった。Yさんがただごとではないと気がついたのは，塗り絵の色使いの変化。小さな女の子の顔を真っ黒にぬりつぶしたり，赤い色を頻繁に使う等病的なものを感じた。湿疹も出て，皮膚科にかかると「ストレスが原因」と言われた。Yさんは，何度も園に足を運び，いじめる子の親とも話しをしたが，いじめはなくならず，教諭の目が届かないトイレで集団暴力を受ける等して，娘の状態はさらに悪化。恐怖の記憶が突然よみがえる「フラッシュバック」が習慣化し，火がついたように泣き出したり，けられた場面を再現して「痛い，痛い」と背中を押さえたりするようになった。調子が悪くなると，自分で足のつめをはがす自傷行為も現れた。赤ちゃん返りを起こし，外出時にはベビーカーをせがんだりした。カウンセリングを受け，周囲の支えもあって娘はかなり落ち着いてきたが，小学3年生にな

> る今も,フラッシュバックや自傷はなくなっていない。
>
> 　　　　　　　　　原文のまま　以下略（北陸中日新聞 2006 年 11 月 4 日）

　保育所や幼稚園でのいじめは，大人が気づかない中で行なわれている。幼児期に起こるいじめの中では，加害者であるいじめた子どもは，いじめられた子どもがどのような痛み，苦しみを抱えているのかはっきりと認識できないケースもある。このような場合，子どもどうしの架け橋となる保育者の存在は何よりも大切である。

　現行の幼稚園教育要領（2000 年）の「人間関係」のねらいの中には，「進んで身近な人とかかわり，愛情や信頼関係をもつ」と掲示されており，幼児にとって深い関わりを持つ対象として「友達」という言葉が数多く揚げられている。特に道徳性の芽ばえに関する項目の中には，幼児の主体的な活動は他の幼児との関わりの中でこそ深まり，豊かなものとなっていくと示されている。保育現場において，保育者は子どもたちどうしが互いに力を合わせ 1 つのものをつくりあげる喜びや仲間意識を育てるための遊びの提供や環境づくりに日々努めなければならない。

　また，いじめの問題は，早期発見が大きな鍵となってくる。保育者や親は，子どもたちのちょっとしたサインを見逃してはならない。子どもは，自分の思いを言葉で表出できない場合，絵やおもちゃ等の身近にある道具を通してその思いを訴えることがある。大人側がそのサインを読み取ったならば，子ども自身の傷ついた心に寄り添いながら，常に見守っているという安心感を与えることが必要である。特に保育現場でいじめの実態が見えた場合，保育者は直ちに家庭と連携を取りながら早期解決をめざし，いじめの真の原因をさまざまな角度から追求していくことが重要である。

3 節　現代家庭環境から生じるさまざまな問題点を見つめて

　本章では，現代の家庭環境から派生している問題について言及してきた。しかし，子どもたちが抱える問題は，本章だけではあげきれないほど多種多様，かつ複雑になっている。そして，子どもたちに関するこれらの問題は，子どもたちを

理論編

取り巻く環境と深いつながりをもっている。現在，子どもたちのまわりにはさまざまな人的・物的環境が存在し，その中にいる子どもたちは，その環境の渦に翻弄(ほんろう)され何を拠り所にして生きていけばよいのか困惑している。

　孤食の問題でも取り上げたように，家族がコミュニケーションを取る恰好の場である食事の時間にさえ，それぞれが別の方向を向き，顔も見ず，声をかけることもないといった家族形態であれば，それはただ同じ屋根の下に暮らしているだけで「家族」という機能をまったく果たしていないことになる。昨今，このような現状は，家庭内だけの問題ではなく家庭外においてもしばしば見られるようになった。たとえば，母親が携帯メールに没頭するかたわらで，子どもたちがゲーム機を持って夢中になって操作している姿がよく目にされる。本来，子どもにとって最も安心できる居場所であるはずの家庭環境が，子どもにとって十分な役割を果たしているとは言い難い状況が出現している。

　全国的な子育て支援に関する新制度が導入される中，保育所の普及率・延長保育・子育て支援の実施率でいずれも全国上位を占め，子ども施策先進県として評価されている石川県が，2005年に「子どもの心に関する調査」を県内の小，中，高校生約1万人を対象として行なった。その調査結果によると，「家庭がきちんと機能している中で育った子どもは，学校でも心地良い毎日を過ごし，思いやりの心が育ち，自分のことも他人のことも大切にし，将来の夢をもってたくましく生きることができる」と報告している。

　思いやりがあり，たくましく心身ともに健康な子どもたちに育ってほしいと願うならば，それを育む環境はやはり家庭において他にはないであろう。その家庭において，親と子がともに規則正しい生活を送り，お互いにいたわりあう気持ちをもちながら過ごす中で，子どもたちは人と交わる力や生きる力を育むことができると考えられる。そして，その親と子の関わりをつなぐ援助者は，家庭内での親と子が今どんな環境におかれているのか，その実態の把握をすることから始まり，今何が必要でそのためには何をしなければならないのか等，実状を踏まえ，適切なアドバイスや子育てのノウハウ等の伝達に至る幅広い知識と暖かい心をもって家庭支援をしていかなければならない。

　かつての日本社会は，家族が家族として機能して，それを支える近隣社会があることで親の子育て力は高められていた。しかし，今は孤立無援に近い状態で子育てに取り組まざるを得ない母親が急増している。そのため，保育現場は子ども

だけではなく,その親をも含めて子どもの問題をとらえ,双方を支援していかなければならない時代にあると言えよう。

● 引用・参考文献

伊志嶺美津子・新澤誠治　2003　21世紀の子育て支援・家庭支援　フレーベル館
木村留美子　2006　北國新聞　シリーズ・連載　子どもって「体温や成長に大きく影響」2006年6月27日掲載
子どものからだと心白書2006　2006　子どものからだと心・連絡会議
子どもの心に関する調査報告書－石川県の子どもと保護者の生活意識　2006　豊かな心を育む教育推進県民会議
前橋　明（編）　2001　心とからだの健康－健康－　名研図書
前橋　明　2003　子どもの食を考える④　朝食・快便・おやつについて　チャイルドヘルス　第6巻第10号　診断と治療社
前橋　明　2007　子どもの健康と生活リズムの乱れの改善をめざして　第49回石川県保育研究大会　発表要項　石川県社会福祉協議会
日本小児科学会雑誌　2007　Vol.111　No.3
日本小児保健協会　2001　平成12年度幼児健康度調査報告書
鈴木正成　1993　早朝の運動と朝食でウォーミングアップ　臨床スポーツ医学, **10**（6）, 685-689.
鈴木みゆき　2005　睡眠と脳の発達　くらし家庭 医療ルネサンス　読売新聞
高橋種昭　2005　カウンセリングによる育児支援－保育現場における－　家庭教育社

理論編

4章 発達障害のある子どもへの支援

　2005（平成17）年4月に自閉症，アスペルガー症候群を含む広汎性発達障害，学習障害（以下，LD），注意欠陥多動性障害（以下，ADHD）等の発達障害のある人々の自立と社会参加をめざした発達障害者支援法[★1]が施行された。この法律では，発達障害のある人々に対して早期から支援を行なうことを「国の責務」として規定した。このことは，保育者が発達障害のある子どもたちに適切な保育を提供することの必要性と責任を明示したと言える。

　保育現場では，年々，発達障害のある子どもたちに対して適切な支援を行なうことは重要課題であり，彼らを受け入れている園が増加している。そのため，保育者やこれから保育者をめざす学生は，発達障害のある子どもについての正しい理解と支援に関する知識を習得することが必須である。また，発達障害のある子どもへの支援を円滑に進めていくためには，家庭との連携が不可欠である。さらに，家庭との連携にあたっては，支援者は，発達障害のある子どもとその家族双方のニーズを考慮して取り組んでいくことが大切である。

　本章では，幼児期の発達障害のある子どもにみられる特性と保育現場での支援方法，そして，彼らと暮らす家族が抱える問題と支援について解説する。

用語解説

★1 発達障害者支援法
2005（平成17）年4月に施行され，発達障害児・者の社会参加と自立の推進に向けて発達障害児の早期発見と早期支援，学校教育における支援，就労支援，家族支援の実施について明記された法律。この法律は，発達障害児・者に対する理解と彼らの社会参加に協力をすることは，「国の責務」であると規定している。

1節
発達障害のある子どもへの早期支援の意義

1．特殊教育から特別支援教育への転換

　2007（平成19）年に障害のある子どもの教育が「特殊教育」から「特別支援教育」に変わった。従来の「特殊教育」では，障害のある子どもを障害の程度に応じて特別の場で指導を行なってきた。一方，新たに始まった「特別支援教育」では，障害のある児童生徒一人ひとりの教育的ニーズに応じて適切な教育的支援を行なうという方針に変わった。この背景には，高機能自閉症やアスペルガー症候群，LD，ADHD等の子どもが通常の学級に6.3％程度，つまり1学級に2～3名という高い比率で存在すること，そして，それらの子どもたちに対して適切な教育的配慮を行なう必要性が明らかになったことがある。

　また，文部科学省（2001）は，「21世紀の特殊教育の在り方について（最終報告）」の中で障害のある子どもに対し乳幼児期から学校卒業まで一貫した支援を行なう必要性を明示した。これは，障害のある子どもへの支援を発達時期ごとで切り離すのではなく，継続性をもって行なうことを意味している。そして，一貫した支援には，保育の場（保育所，幼稚園）と教育の場（小学校，中学校，高等学校）が連携しあうことが求められる。

　発達障害のある子どもが抱えている困難を軽減，改善し，彼らの生活を充実したものにしていくためには，幼児期から継続して彼らのニーズに応じた支援を提供していくことが必要である。したがって，保育者は，発達障害のある子どもについての専門的な知識（彼らの特性）や彼らへの支援および指導技能を高めていくことがより一層求められる。

2．気になる子どもと発達障害

　近年，保育の現場においては，「気になる子ども」という言葉をよく耳にする。この「気なる子ども」とは，どういった子どもたちなのだろうか。

　「気になる子ども」のタイプには，「子ども自身の問題」として気になる子どもと「子どもを取り巻く家庭環境の問題」の中で気になる子どもがあげられる。前者は，友だちとの関わりが難しい，語彙が少ない，いつも忘れ物をしてしまう，多動で落ち着きがない等の行動が同年齢の子どもに比べて際立って見られる，つ

まり，何らかの障害があると推測される場合である。一方，後者は，親が子どもに対して過干渉である，あるいは逆に関わりが希薄であることによって子どもに気になる行動が認められる場合である。なお，本章で述べる「気になる子ども」とは，前者の障害のある子どもである。

ただし，上述した障害のある子どもが示すさまざまな行動は，彼らの障害特性（個人要因）だけではなく彼らを取り巻く人的および物理的環境（環境要因）も関与している。したがって，保育者が発達障害のある子どもに目を向ける時，個人要因と環境要因の両側面から彼らの実態をとらえることが重要である。

2節　発達障害とは何か

1．発達障害の定義

2005（平成17）年に施行された発達障害者支援法では，次のように発達障害を定義している。

> 1．自閉症，アスペルガー症候群その他の広汎性発達障害，学習障害，注意欠陥多動性障害その他これに類する脳機能の障害
> 2．その症状が通常低年齢において発現する

従来，全般的な知的発達の遅れが認められない高機能自閉症やアスペルガー症候群，LD，ADHDは軽度発達障害と総称されていた。しかし，この用語は高機能自閉症等の子どもたちの障害が「軽い」という印象を与え，彼らや家族が抱えている問題の深刻性が周囲に理解されにくかった。そのため，2007年より，軽度発達障害は発達障害者支援法の表記である「発達障害」と総称することになった。保育者は，高機能自閉症等の子どもたちのニーズや抱えている困難が軽度ではないことを認識して支援に従事しなければならない。

2．発達障害の原因

発達障害のある子どもにみられる「落ち着きがない」「決まりを守らない」等の行動は，まわりから「わがまま」「なまけている」「ちゃんとしつけられていな

い」とみなされやすい。つまり，発達障害の原因が子どもの努力不足や保護者の養育のあり方によると誤解されることが少なくない。しかしながら，これはまったくの誤りである。また，発達障害は，適切な支援や対応を行なうことにより予後が改善される可能性はあるが，病気が完治するように治るものではない。発達障害の原因はいまだ明確に解明されていないが，現時点では中枢神経系，つまり脳の機能に何らかの障害があるためと推定されている。

保育者は，発達障害の原因は養育のあり方によるものではないこと，障害は永続的であることを理解しておかねばならない。

3．併発する障害

自閉症，アスペルガー症候群等の広汎性発達障害，LD，ADHD に認められる特徴は重なりあう部分があり厳密に区別することは難しい。LD には ADHD を合併していることが多い。また，LD と ADHD では，手先の不器用さや体全体の動きのぎこちなさがみられる発達性協調運動障害を伴っている場合がある。発達障害のある子どもの保育にあたっては，彼らの際立った特徴だけではなく，その他の併発している障害の影響の可能性も考慮する必要がある。

4．幼児期からの支援の重要性―二次的障害の予防に向けて―

知的発達の遅れを伴わない高機能自閉症やアスペルガー症候群，LD，ADHD の子どもは，さまざまな場面でできることが多くある。そのため，彼らは周囲から自分たちの抱えている困難をなかなか理解してもらえず，保護者や保育者等から日常的に叱責を受けることも少なくない。さらに，発達障害のある子どもは他児のからかいの対象になりやすく，時にはそれがいじめにまで発展することもある。このような状況の中で日々生活し，自分に対する否定的な感情や失敗経験が蓄積されていくと，発達障害のある子どもは「自分はだめな人間だ」「何をやってもうまくいかない」と自信を喪失し，新たな活動を試みることを躊躇するようになる。そして，この状態が悪化すると学齢期以降では不登校やひきこもりにつながることもある。

発達障害のある子どもを早期から支援することは，彼らが抱えている困難を改善または軽減し，自尊心の低下等といった二次的障害を予防するうえで重要である。

理論編

3節　自閉症スペクトラムの子どもと支援

1．自閉症スペクトラムとは

　自閉症は知能の遅れが重度から正常までと幅があり，症状の現われ方にも質的な広がりがみられる。今日では，表4-1で示したように各々の診断を別々にとらえるのではなく，自閉症の基本的な特徴（3つ組の症状：表4-2）は共通に認められるものの，その現われ方に濃淡がある，つまりスペクトラム（連続体）であるととらえる「自閉症スペクトラム」という概念が用いられつつある。

　以前は，自閉症スペクトラムの原因は，親の育て方であると誤解されていた。現在でも，そのような誤った認識が少なからず存在する。自閉症スペクトラムは心因的な原因によって引き起こされるものではなく，中枢神経系（脳）の機能障害によって生じる発達障害である。

表4-1　自閉症スペクトラムの分類

症状	知的	診断名	症状，発症時期など
濃　↑　↓　淡	重　↑　↓　軽	レット症候群	正常発達をしていたが，生後5か月から30か月の間に獲得してきた機能を失っていく。常同的な手もみ運動や歩行の不安定さが現われ，重度の知的障害を伴う。女子のみに発症する。
		小児崩壊性障害	2歳頃まで正常発達を遂げていた幼児が，その後，言語が消失し，対人関係に著しい退行を示す。男子に多くみられる。
		自閉症（カナー型）	3歳までに，「対人的相互反応の質的異常」「言語・コミュニケーションの質的異常」「同一性保持」の3つの特徴がみられる。知能は重度の遅れから正常まで幅がある。男子に多くみられる。
		高機能自閉症	対人的相互反応の質的異常，言語の遅れ，こだわりが認められるが，知的発達の遅れを伴わない。3歳までに発症する。
		アスペルガー症候群	言語発達の遅れが認められず，また，知的発達の遅れもみられない。しかし，対人的相互反応の質的異常やこだわりは認められる。

注）「症状」とは自閉症の3つ組の症状を，「知的」とは知的障害の程度を示す。

表 4-2　自閉症スペクトラムの 3 つ組の症状

1．対人的相互反応の質的障害	・まなざしを合わせたり，顔の表情，身体の姿勢や身ぶりなどの非言語的行動の著しい減弱 ・発達年齢に相応した仲間関係をつくることの難しさ ・楽しみや関心などを他者と共有することの欠如
2．言語・コミュニケーションの質的異常	・話言葉の発達の遅れまたは完全な欠如 ・他者と会話を始めたり維持することの難しさ ・反復的または独特な言語の使用 ・発達年齢に相応したごっこ遊びや社会性のあるものまね遊びの欠如
3．同一性保持	・常同的で限定されたパターンで特定の興味に熱中する ・特定の手順や儀式にかたくなにこだわる ・手や指をぱたぱたさせるなどの反復的な行動 ・物体の一部に持続的に熱中する

(1) 自閉症スペクトラムの診断基準

　自閉症スペクトラムの診断では，3つ組みの症状と言われる「対人的相互反応の質的障害」「言語・コミュニケーションの質的異常」「同一性保持」がその基準となる（表4-2）。

(2) 随伴する症状

　自閉症スペクトラムの主要な特徴は，他者との関わりの難しさ，言葉の獲得やコミュニケーションの難しさ，同一性保持であるが，近年では次のような随伴症状も指摘されている。

　1つめは，視覚・聴覚・味覚等の感覚過敏の問題である。たとえば，教室の明かり（光）が気になる，音に敏感で耳をふさぐ，極端な偏食等があげられる。この場合，できるだけ感覚的な刺激を取り除く配慮が必要である。

　2つめは，特定の情報に集中するために同時にさまざまな情報を処理することが難しいシングルフォーカスの問題があげられる。自閉症スペクトラムの子どもには一度に複数の指示を出すのではなく，一つひとつやるべきことを提示することが求められる。

　また，自閉症スペクトラムの子どもは，耳で聞いて情報を処理するよりも絵カードやジェスチャー等の視覚を通した情報を処理することが得意とされている。

これは視覚優位と呼ばれ，自閉症スペクトラムの子どもの学習や行動等を促していくための手だてとなる重要な特性である。

2．自閉症スペクトラムの子どもへの支援と配慮

(1) 視覚的な情報処理の強さを活かす

保育者が自閉症スペクトラムの子どもに指示を伝える場合，また逆に保育者が彼らからの要求をくみ取ろうとする場合，言葉だけでそれらを行なおうとするとなかなか円滑にはいかない。この場合，自閉症スペクトラムの子どもの視覚優位を活かして，具体物や写真（絵）カード等を利用して相互のコミュニケーションを図ることが有効である（図 4-1 参照）。

(2) 環境を構造化する

自閉症スペクトラムの子どもには感覚過敏が認められる。私たちにとっては気にならないような刺激が，彼らにとってはとても苦痛であり，そのことで注意散漫になったりパニックになってしまうこともある。

一般的に保育では環境構成が重要となるが，自閉症スペクトラムの子どもにおいては彼らの障害特性に配慮した環境構成を行なうことが重要である。特定の空間で複数の活動を行なうと，何をすればいいのかわからず混乱してしまうため，活動ごとに空間を設定する必要がある。また，必要以上に刺激が入らないよう環境を工夫することも大切である。

(3) 見通しをもたせる

自閉症スペクトラムの子どもは，急な変化に弱い。また，自分が次に何をするべきなのか見通しがつかないと彼らはとても不安になる。自閉症スペクトラムの子どもに同一性保持が認められるのは，変化による不安から自分自身を守るためとされている。したがって，混乱を避けるため，たとえばスケジュールの変更が生じた場合には事前に彼らにそのことを伝える必要がある。園での1日の予定や活動の流れ等を示したスケジュール表を利用すると，自閉症スペクトラムの子どもは見通しが立ち，安心して行動することができる（図 4-2 参照）。

(4) 他者との関わりを育む

自閉症スペクトラムの子どもにおいて最も課題となるのは，対人関係（社会性）の問題であり，そのため友だちと一緒に遊ぶことが少ない。このような状況に対し，人と関わるのが嫌いだからと放っておいたり，無理に活動に参加させること

図4-1　コミュニケーション絵カード

図4-2　スケジュール表

は適切ではない。保育者は，自閉症スペクトラムの子どもの好きなことや得意なことを介しながら，仲間との関わりを育んでいく機会を設けることが必要である。

　一方，人との関わりがみられても相手の気持ちや立場が理解できず，一方的なふるまいをすることがある。たとえば，「突然，人のおもちゃを取り上げる」「仲間と協力することができない」「相手が不快に感じることを平気で言う」等である。これらは，自閉症スペクトラムの子どもが，他人の気持ちを理解することが困難であるためである。この場合，他者への関わりが不適切であるからといって彼らを叱責するだけでは，このような行動は改善されない。保育者や支援者は，自閉症スペクトラムの子どもが集団の中で認められるふるまいができるように，自分の気持ちの伝え方や調整の仕方を教えていく必要がある。

4節　LDの子どもと支援

1．学習障害とは

　文部省（現 文部科学省）（1999）は，LDを次のように定義している。

> 　学習障害とは，基本的には全般的な知的発達に遅れはないが，聞く，話す，読む，書く，計算するまたは推論する能力のうち特定のものの習得と使用に著しい困難を示す状態を指すものである。学習障害は，その原因として，中

枢神経系に何らかの機能障害があると推定されるが，視覚障害，聴覚障害，知的障害，情緒障害★2などの障害や，環境的な要因が直接の原因となるものではない。

LDの子どもは，外界からの情報を取り込み，それを概念化し知識として定着させ必要な時に取り出す脳の働き（認知）に遅れや偏りがある。

LDを認知特性で分類すると，大きく次の4つに分類される。

> 用語解説
> ★2　情緒障害
> 情緒障害には，登校拒否，髪いじりや爪かみ等の神経性習癖，非行，あらゆる場面で話をしないあるいは特定の場面においてのみ話をしない緘黙（前者を全緘黙，後者を選択性緘黙）等がある。一般的に情緒障害は身体的，器質的な原因よりも心理的な原因が大きいとされているが，両者を厳密に分けて考えることは難しい。

①聞き取りの力が弱く言葉の表出や理解に遅れがみられる言語性LD。
②言語能力に問題はみられないが，ものの弁別や情報をまとめることにつまずきがみられる非言語性LD。
③集中力や指示されたことを記憶する力につまずきがみられる注意・記憶性のLD。
④上記の3つが混在している包括性LD。

LDは幼児期に発見することが難しく，学童期以降に学習上の問題が顕在化して明らかになることが多い。しかし，以下で言及するように，幼児期においてもLDの可能性が疑われる行動がみられるため，保育者はその特性を見過ごさないように留意することが大切である。

2．LDの子どもの特性と支援

(1) 言葉の表出の難しさ

LDの子どもは伝えたいことがあってもそれを言葉にして想起し，相手に適切な表現で伝えることが困難である。そのことで，特に同年齢の子どもからは「話し方が変」「何を言っているのかわからない」と批判され，一層自分の気持ちを他者に伝えることが苦手になる。このようなケースの場合には，LDの子どもの話すことへの意欲を失わせないように配慮することが大切である。LDの子どもに話すことをせかし，そのつど言葉の誤りを訂正するのではなく，彼らが落ち着

いて話せるような雰囲気をつくることが必要である。

(2) ルールに従うことの難しさ

聞き取りの力が弱く短期記憶に難しさがある LD の場合，必要な情報を抽出して聞き取り，その情報を覚えることが難しい。特に周囲が騒然としている時は，なおさら必要な情報を聞き取ることが難しくなる。このような特徴が認められる場合は，言葉だけではなく指示を視覚化する（絵カードや実際的な行動を示す）必要がある。情報の視覚化は，日常の活動の流れを理解することが難しい子どもに手順表を用いて理解を促すことが有効である。

(3) 道具使用等のぎこちなさ

LD の子どもは特徴である不器用さにより，ハサミ等の道具の使用や折り紙の端を揃えて折ることが難しい。このような活動場面では，他の子どもと一律にするのではなく，LD の子どもが操作しやすい道具や教材を準備する配慮が必要である。また，可能な部分は本人にさせ，そうでないところは保育者が手伝い，最後まで活動をやり遂げた達成感を味わわせることも大切である。

5節　ADHD の子どもと支援

1. ADHD とは

「今後の特別支援教育の在り方について（最終報告）」（文部科学省，2003）では，ADHD は以下のように定義されている。

> ADHD とは，年齢あるいは発達に不釣合いな注意力，及びまたは衝動性，多動性を特徴とする行動の障害で社会的な活動や学業の機能に支障をきたすものである。また，7歳以前に現れ，その状態が継続し，中枢神経系に何らかの要因による機能不全があると推定される。

この最終報告では，ADHD の判断基準（試案）が示されている。

> 1．これらの行動は，7歳より前の幼い時期から始まっていなければならない。
> 2．子どものこれらの行動は，同じ年代の他の子どもたちよりもはっきりと

> していなければならない。
> 3．特にこれらの行動は，私生活，学校，家庭，職場等の社会的な環境の少なくとも2つ以上において，実際に障害が発生していなければならない。例えば，たとえ学校で過度に活動的であったとしても，他との関係がうまく機能しているのであれば，ADHD症候群と診断されない。

ADHDの症状が7歳以前に認められること，また，幼児期の子どもの生活の場として家庭の次に多くの時間を過ごすのが保育所や幼稚園であることを考える

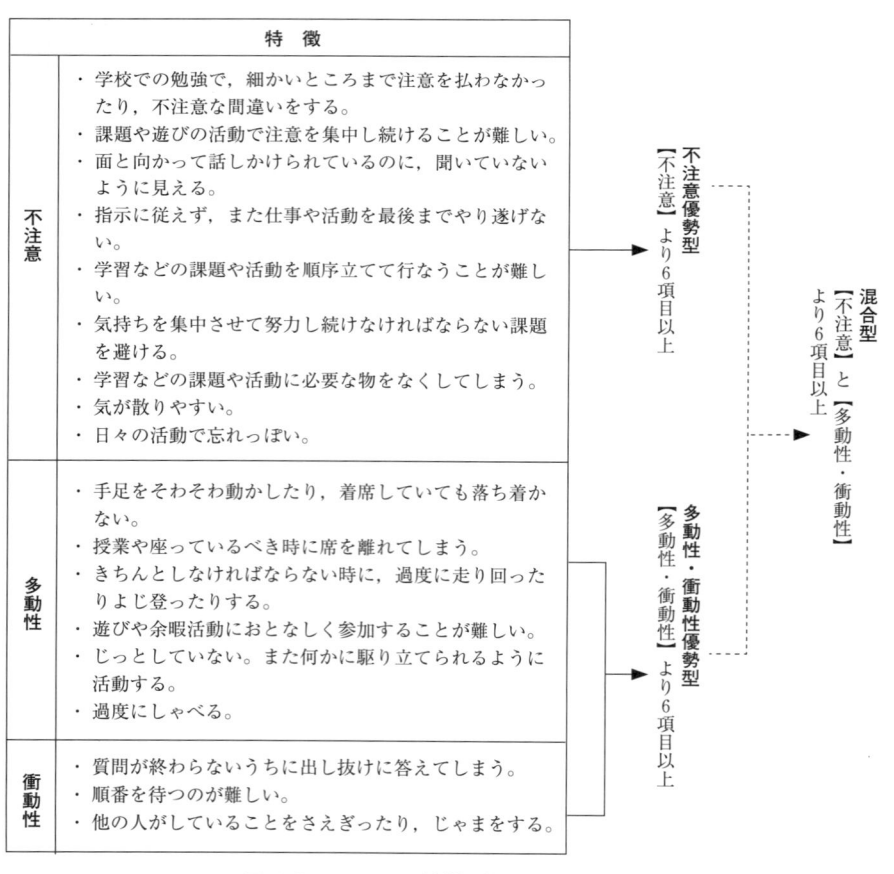

特　徴		
不注意	・学校での勉強で，細かいところまで注意を払わなかったり，不注意な間違いをする。 ・課題や遊びの活動で注意を集中し続けることが難しい。 ・面と向かって話しかけられているのに，聞いていないように見える。 ・指示に従わず，また仕事や活動を最後までやり遂げない。 ・学習などの課題や活動を順序立てて行なうことが難しい。 ・気持ちを集中させて努力し続けなければならない課題を避ける。 ・学習などの課題や活動に必要な物をなくしてしまう。 ・気が散りやすい。 ・日々の活動で忘れっぽい。	不注意優勢型【不注意】より6項目以上
多動性	・手足をそわそわ動かしたり，着席していても落ち着かない。 ・授業や座っているべき時に席を離れてしまう。 ・きちんとしなければならない時に，過度に走り回ったりよじ登ったりする。 ・遊びや余暇活動におとなしく参加することが難しい。 ・じっとしていない。また何かに駆り立てられるように活動する。 ・過度にしゃべる。	多動性・衝動性優勢型【多動性・衝動性】より6項目以上
衝動性	・質問が終わらないうちに出し抜けに答えてしまう。 ・順番を待つのが難しい。 ・他の人がしていることをさえぎったり，じゃまをする。	

混合型【不注意】と【多動性・衝動性】より6項目以上

図4-3　ADHDの特徴と類型（文部科学省，2003）

と，保育者は子どもの ADHD の兆候に早期に気づく重要な存在である。

なお，ADHD に認められる特徴は，「不注意」「多動性」「衝動性」に分類される（図 4-3）。

2．ADHD の子どもへの支援と配慮

(1) 気が散らない環境構成

　ADHD の子どもは，座っていなければいけない状況であっても目の前に自分の関心のあるものがあればそちらに気が注がれ，今やるべき活動から逸脱してしまう。このような状態が生じるのを予防するには，気が散らない環境構成（保育者の立ち位置，活動の座席設定，物の配置）をすることが重要である。具体的には，指示を出す保育者の背景に ADHD の子どもの刺激となる物を置かないことである。仮に移動が難しい場合には，その場所が背景にならないように保育者の立つ位置を工夫する。また，ADHD の子どもの隣には，注意がそがれやすい子どもを配置しないようにすることも必要である。

(2) 意図的に休息時間を設ける

　ADHD の子どもの多動は，どこにこんなエネルギーがあるのかと見ている側が圧巻されてしまうほどの落ち着きのなさを示す。ADHD の子どもにこのような症状が認められるのは，エネルギーの過度な消費や疲労感等体内の感覚をとらえるのが苦手であるためとされている（中田，2006）。このような過度の疲労は，成長過程にある幼児にとって望ましいものではない。したがって，活動内容を構成する際は，活動と休息の時間をバランスよく組み合わせ，意図的に休息時間を設定する必要がある。

(3) 指示を明確に伝える

　不注意の症状が認められる ADHD では，保育者がきちんと説明したと思っていても話を聞いておらず，指示が理解されていない場合が多い。したがって，ADHD の子どもに大切な指示を出す場合には全体に向けて伝えたあと，再度，個人的に説明することが必要である。この時，保育者のほうに注意が向いているのかを確認したうえで説明することが大切である。

　また，ADHD の子どもに指示を出す時には，一度に複数の情報を提示するのではなく，順序立てて伝えることが必要である。そして，言葉だけで伝わりにくい場合には，絵や写真等の視覚的な補助物を用いると，自分がやるべき内容や活

動の流れ等を理解しやすくなる。

(4) 役割を与える

　ADHDの子どもは，動きたい気持ちが強いために活動から逸脱しやすく，まわりからは「勝手なことをしている」と非難されることが少なくない。このような場合，ADHDの子どもの多動を規制することに努めるのではなく，彼らが目的のある行動ができるようにする。つまり彼らがクラスに貢献できる役割を与える工夫が必要である。このような配慮は，まわりから常に注意を受けやすいADHDの子どもに達成感をもたらし，彼らの自尊感情を高めることにもつながる。

6節　発達障害のある子どもの家族への支援

1．発達障害のある子どもの家族を支えることの意義

　わが国では，障害のある子どもの保育や教育の場では，障害のある子どもの困難の軽減や能力の向上をめざす子ども中心の支援（child centered approach）の傾向が強い。それゆえ，家族は支援者や専門家の「協力者」として位置づけられることが多く，「支援される対象」として重視されることは少ない。

　一方，米国での0〜3歳未満の障害のある（あるいはリスクのある）子どもを対象にした支援では，家族のニーズを重視する家族中心の支援（family centered approach）が行なわれている。そして，この取り組みの中で作成される支援計画はIndividual Family Service Plan（個別の家族支援計画）と呼ばれ，家族のニーズを中心的に扱っている。なお，3歳以降はIEP（Individual Educational Plan）に移行し，障害のある子どもの学習面等に関わるニーズに主眼がおかれる。

　もちろんわが国でも，障害のある子どもの家族（特に保護者）を支えていくさまざまな取り組みが実施されてきた。しかし，障害のある子どものニーズと支援のあり方について考える時，それらが今あるいは結果的に家族にどのような影響をもたらすのかについて考慮されることは少なかった。また，逆に障害のある子どものニーズを取り扱う時，家族の機能や置かれている状況が障害のある子どもにどのような影響を及ぼしているのかを検討されることも少なかった。つまり，障害のある子どもと彼らを取り巻く家族を相互的にとらえていく視点が，わが国の障害のある子どもへの支援では欠如していたと考えられる。

特定の家族（障害のある子ども）の問題は，他の家族構成員に波及する。保育者は，このような視点をもち，障害のある子どもとその家族双方のニーズを考慮しながら支援に取り組むことが求められる。そして，これは保育者が家族（特に保護者）と連携を図っていくうえで大切な視点である。

そこで，以下では，保護者（母親）ときょうだいに焦点を当て，家族が抱える問題と支援のあり方について解説する。

2．保護者の障害受容および障害理解の難しさ

保護者が抱える問題としてまず指摘されるのは，障害受容の問題である。障害告知がなされている場合，特に幼児期は告知から間がないため保護者の心情は不安定である。したがって，保育者においては，保護者に寄り添う気持ちと姿勢が大切になる。

他方，障害告知に至っていない場合，保護者はわが子にみられる遅れが一時的なものであるとし，なかなか診断に至らない。そのため，保育者は実際的な支援に着手しにくい。このようなケースは，特に知的発達の遅れがない（あるいは軽度である）子どもを養育する保護者に多く認められる。

支援に携わる保育者や支援者は保護者からの理解が得られにくいことで，発達障害のある子どもに適切な支援や指導を行なうことが難しい。確かに，子どもが何らかの困難を抱えているのを目の当たりにし，実際的な支援になかなか着手できないのは保育する側に葛藤をもたらす。しかし，保護者がわが子の障害を認めたがらないからといって親の気持ちを無視し，一方的に保護者に障害を受容することを強いることは，両者の信頼関係を壊しかねない。また，このような状況は，発達障害のある子どもに対してよい影響を及ぼさない。

わが子の障害を否認する保護者は，ただわが子の障害を否定しているのではなく，受け入れられない理由があり，そのことで葛藤を抱いていることを保育者は理解しなければならない。このような保育者の姿勢は，発達障害のある子どもの保育場面における日々の支援のあり方や就学に関わる問題を保護者と連携して取り組んでいく基盤となる。

保護者への支援においては，保育者は保護者の心情に寄り添い，彼らの声（悩みや要望）に耳を傾けることが基本である。そして，障害告知を受けている保護者に対しては，発達障害のある子どもへの関わり方や行動の理由等について平易

な表現で助言し，保護者の無理のない範囲で協力を求めることが大切である。また，保護者が情報収集できる場（地域の療育センターや特別支援学校，児童相談所等）や同じ立場の人と出会える場（障害のある子どもの親の会）を紹介することも重要である。

一方，障害告知に至っていない場合には発達障害のある子どもの困難な部分ばかりを指摘するのではなく，彼らのできることや得意なことを伝える中で，どのようにしたら彼らの困難を軽減していけるのかを一緒に考える姿勢が大切である。なお，障害告知を受けていない保護者の中には，わが子だけが特別な配慮をされることに抵抗を感じる人もいる。この場合，発達障害のある子どもの困難を軽減することが目的ではあるが，園生活を送るうえでどの子どもにとっても助けとなる手だて（たとえば，活動の流れやルール等を視覚的に提示する）であれば，発達障害のある子どもに限定せずクラス全体に向けて実施することにより，障害告知を受けていない保護者の特別な配慮に対する抵抗感を軽減する工夫が求められる。

3．幼児期のきょうだいが抱える問題と支援

障害のある子どもと生活をともにすることは，きょうだいの日常生活を大きく変える(McHale & Ganble, 1989)。また，両親が亡くなったあとのことを考えれば，きょうだいは両親以上に障害のある子どもと共有する時間が長いと言える。したがって，きょうだいを支援することは，きょうだいの問題を解決するだけではなく，障害のある子どもの将来までを見通した彼らへの間接的な支援としても位置づく。

なお，現在わが国で実施されているきょうだいへの支援は，個々の障害に特化した取り組みが少ない。したがって，ここでは，発達障害に限定せず障害全般に関わる幼児期のきょうだいにみられる問題について述べる。

(1) 親との関係における問題

幼児期は障害のある子どもが多動で落ち着かず，さまざまな側面において介助を要する。そのため，親はどうしても障害のある子どもから目を離せないことが多くなる。また，障害のある子どもが療育機関に通っていれば，そちらに時間を費やさざるを得なくなる。

幼児期の障害のある子どもの親は，障害告知を受けてからの日が浅いため葛藤

> **用語解説**
> ★3 レスパイトサービス
> 介護を担う家族に対して、一時的または定期的に休息を保障するための援助サービス。

や不安を強く感じている。他方，告知に至っていない場合では，わが子の障害の可能性を認めることへの葛藤を感じ，育て方が悪いのではないかと自分を責める。いずれにしても親自身が心の余裕をもちにくいため，きょうだいが望むほどに親は彼らと関わりをもつことが難しい。そういった状況の中にいるきょうだいは孤独感を抱き，親の自分に対する愛情に不安を感じるようになる。

この問題への支援としては，障害のある子どもを一時的に預かってもらうレスパイトサービス★3を利用し，親がきょうだいと1対1で十分に関わることができる時間を確保することがあげられる。

(2) 社会的経験の乏しさ

きょうだいはどうしても自分の時間を障害のある子どものために割かねばならなくなる。障害のある子どもの多動やパニック等の行動が深刻な場合は，きょうだいは家族と外出する機会が限られ，家庭外での経験が少なくなる。また，外出先では発達障害の子どもの行動に左右され，自分の要求や期待が満たされにくい。そのため，きょうだいはそうした状況にストレスを感じるようになる。

この問題への支援としては，きょうだい会の活用があげられる。きょうだい会では，同じ立場にある者どうしが集い，キャンプや旅行等のさまざまなレクリエーション活動が実施されており，日頃できない活動を体験することができる。ただし，きょうだい会への参加は，きょうだいが幼い場合は特に親を介しての参加となる。そのため，強制ではなく，いかにきょうだい自身の意思を尊重して参加させるかが課題である。

(3) 障害理解の難しさ

障害のある兄弟姉妹のふるまいは，不可解で理解しがたいことが多い。たとえば，きょうだいは，障害のある兄弟姉妹から突然叩かれる，あるいは彼らの生活パターンに合わさなければならない場合がある。そのような状況はきょうだいを困惑させ，「なぜ，このようなことをするのか」という疑問を生じさせる。

わが国では，特に幼いきょうだいに対して障害のある兄弟姉妹の障害について説明をすることは積極的になされていない。しかし，幼児期のきょうだいでも障害のある兄弟姉妹が他の子どもとは異なっていることに気づいている（Mayer & Vadasy, 1996）。したがって，幼いきょうだいに対しても，彼らにわかりやす

い表現で障害のある兄弟姉妹のふるまいの理由を説明していくことが必要である。特に，障害の本質が外観から理解しにくい自閉症や知的障害等の場合，障害理解の難しさがきょうだいの心理的な負荷につながると報告されている（Gold, 1993）。したがって，きょうだいに説明を行なうことは，障害や障害のある兄弟姉妹に対する理解を促すこととともに，疑問から引き起こされるきょうだいの心理的負担を軽減するために重要である。

以上のように，今日では保護者（おもに母親）への支援とともにきょうだいへの支援も重要視され，家族支援の対象は拡大化している。最近では，障害のある子どもの父親を対象にした集会や父親が執筆した書籍も見受けられる。しかしながら，母親やきょうだいに比べると，家族の一員である父親や祖父母への支援はそれほど充実していないのが現状である。今後，家族構成員一人ひとりのニーズに目が向けられ，実際的な取り組みが進んでいくことが期待される。

● 引用・参考文献

Gold, N. 1993 Depression and social adjustment in siblings of boys with autism. *Journal of Autism and Developmental Disorders*, **23**（1），147-163.
Lobato, D. J. 1990 *Brothers, sisters and special needs: information and activities for helping young siblings of children with chronic illness and developmental disabilities*. Baltimore: Paul H. Brookes.
Mayer, D., & Vadasy, P. 1996 *Sibshops: Workshops for siblings of chiLDren with special needs*. Baltimore: Paul H. Brookes.
McHale, S. M., & Ganble, W. C. 1989 Sibling relationships of children with disabled and nondisabled brothers and sisters. *Developmental Psychology*, **25**, 421-429.
文部省（現文部科学省） 1999 学習障害児に対する指導について（最終報告）
文部科学省 2001 21世紀の特殊教育の在り方について（最終報告）
文部科学省 2003 今後の特別支援教育の在り方について（最終報告）
中田洋二郎 2006 子育てと健康シリーズ26 軽度発達障害の理解と対応－家族との連携のために－ 大月書店
上野一彦・二上哲志・北脇三知也・牟田悦子・緒方明子 1994 LDとは－症状・原因・診断理解のために－ 学研

5章 病気を抱えた子どもたち

　女性の社会進出が進み，夫婦共働きをする家庭の数が専業主婦家庭の数を上回って久しい。その中で，働きながら子育てをしている親にとって，子どもが病気になった時の対応が一番困るという要求から，病児・病後児保育の必要性が増大してきた。その一方で，「子どもの気持ちを考えたら，（子どもが）病気の時くらいは親がみるべきだ」「小さい子どもが病気になった時に気兼ねなく会社を休める社会の構築が先決だ」等，病児・病後児保育の充実に反対する意見もいまだ根強く存在する。

　本章では，病児・病後児保育とは何か，これは親の都合のためだけの事業なのか，子どもに及ぼす影響はどのようなものであるか，今まで曖昧にとらえられていた病児保育と病後児保育はどこで区分し，その基準は何か等を含めて保育所での病児・病後児保育の考え方について論じる。さらに，病児・病後児保育の歴史や保育所で病児・病後児保育を行なう時の注意点および課題について述べる。

1節　病児・病後児保育とは何か

1．病児・病後児保育の理念

　本来，子どもは常に保護されながら成長し続ける存在である。健康な時はもちろんのこと，病気の時でもその子どもの成長にとって最善の環境が与えられるべきである。病児・病後児保育とは，病気にかかっている子ども，回復期にある子どもの発達の必要を満たし，健康と幸福を守るために保護者と専門家集団（看護師，保育士，医師，栄養士等）が連携して行なう「保育」と「看護」のことである。

したがって，病児・病後児保育は，親の就労を確保するために一時的に病気の子どもを世話するという親の都合を満たすためだけの保育ではなく，子どもに対しても病気からの回復と健康の増進，および病気時の子どもの自己活動があわせて図られる子どもの立場に立った保育でなければならない。

　言うまでもなく，子育ての主体は親である。病気の子どもは，健康な時に増して親や家族による看護を必要とする。そのため，親がわが子を看護することは大原則であるが，物理的にも精神的にも能力的にも親が看護できない場合にこの保育の必要性があると考えられる。

２．病児・病後児保育が必要となった経緯

　幼い子どもが病気になった時，以前は母親が付き添ったり，祖父母，あるいは近所の親しい知人にみてもらうことができた。しかしながら，現在は，保育所で病児・病後児保育をせざるを得なくなっている社会の現状，特に養育にあたる親のおかれている立場の変化が関与している。

(1) 女性の社会進出と高学歴化

　女性の社会進出は増加しており，さらに年々，高学歴化している。それに伴い，女性が企業や社会において重要なポストに就いていたり，あるいは，勤務途中で容易に退出できない専門職として働いている割合が年々増加している。しかしながら，企業や社会の意識は，依然として男性中心のシステムから抜け出せないでいる。このため，子どもの急な病気への対応や長期間仕事を休むことが男女ともに困難になっている。

(2) ライフスタイルの変化と就労スタイルの変化

　現代の若い世代をみると，結婚と同時に，あるいは結婚して間もなく自分たちの家を持つ人が多くなっている。そのため，積極的に残業をこなさなければならないほど，月々のローンの返済に追われた生活スタイルになっている。また，より高い収入を求めて転職する割合も高くなっており，転職して間もないと急な休みを取りにくい立場にある。そして，仕事を休めば即給料に影響し，勤務評価が悪くなりリストラの対象になるケースもある。そのため，子どもが病気になっても仕事を休めない状況に陥る。加えて，常勤職員よりも派遣・契約社員を増員する会社が増えていることも，仕事を休みづらくしている。ある保育所では，子どもが40度の熱を出しているにもかかわらず，会社を辞めさせられるとの理由か

ら通常の迎えの時刻までに親が迎えに来られなかったことがあったという。

(3) 定年の延長

2004（平成16）年6月5日に改正高年齢者雇用安定法★1が成立したことにより，各企業は定年を60歳から65歳へと引き上げた。また，2006（平成18）年4月1日より，継続雇用制度★2の導入や定年の取り決めの廃止等が義務づけられ実施された。これらの影響により，孫のいる年齢でも働いている祖父母がますます多くなり，子どもが急な病気の時に祖父母をあてにできないという状況が生じている。そして，このような傾向は，少子化による若年労働者の減少，医療の進歩や健康・栄養への関心の高まりによる元気な高齢者の増大等により，今後もますます増加の一途をたどると考えられる。

(4) 人と人のつながりが希薄な時代—地域社会の崩壊—

人の手を多く必要とする農業においては，機械化が進んだことで田植えや稲刈りは人の手を借りなくてもこなせるようになった。また，24時間営業のコンビニエンスストアの普及により，人に頼らなくても手軽に必要な物が手に入るようになった。このように，世の中がとても便利になったことで人に頼らなくても生活できるようになった。加えて，朝早く出勤し，夜遅くに帰宅する生活の中で，隣近所の人たちと親しくなる機会は，ほとんどなくなってきている。このような社会の中で，子育ては昔も今も人の手を必要とする分野であるが，便利さのために人に頼る生活を経験してこなかった若夫婦は，人に頼むことや人と協力することがとても苦手である。その結果，地域の中で自然と孤立していくことになり，子どもが病気の時に助けてくれる身近な存在がいないといった状態を引き起こしている。

(5) 親の子育て力の低下

核家族化が進み，さらに少子化によりきょうだいの数が少ない環境の中で育った若年層の親の中には，子育て経験やそれに関する知識のない人が増えている。

また，昨今では，育児書やインターネット等で子育てに関する情報が氾濫

用語解説

★1　改正高年齢者雇用安定法
働く意欲と能力を有する高齢者が，少なくとも年金支給開始年齢までは働き続けることができる環境を整備するために作成された法律で，65歳までの雇用確保措置の導入が事業主の義務となったほか，高年齢者の再就職促進等を図る措置が定められている。

★2　継続雇用制度
現に雇用している高年齢者が希望している時は，当該高年齢者をその定年後も引き続いて雇用する制度で，勤務延長制度（定年に達した者を退職させることなく引き続き雇用する制度）と，再雇用制度（定年に達した者をいったん退職させた後，再び雇用する制度）の2つがある。

理論編

しているが，知識はあるものの実際に対応できないといった親が目立つ。たとえば，ある親は，育児書から「離乳食は首がすわってから」との知識を得ていたが，実際には首がすわった状態を知らなかった。その他には，離乳期に入り，「主食30g」と書かれた育児書どおりにわが子が食べてくれないことを真剣に悩む親もいる。

たとえば最今では，子どもが下痢をしていても肉や牛乳を与えたり，熱があっても冷やす場所を知らないといったように，病気やその対処方法に関する正しい知識をもち合わせていない親が増えている。また，様子を見て翌日医者にかかればいいような症状であっても，心配して夜間の救急診療にかかったり，救急車を要請するといった親もおり，親の子育て能力の低下にはいとまがない。このような現状を概観すると，子どもにとって親は最良の存在とは必ずしも言えなくなってきている。

3．病児・病後児保育の必要性

（1）親の子育て支援を目的として

現代の親たちは地域の中で孤立しやすい状況にあり，また，子育ての知識がないまま親になっていることが多い。とりわけ，子どもが病気の時は，子どもの看病の方法を知らされないで育っているため，親の不安やストレスは増す。

病児・病後児保育に預けることは，病気の子どもが適切な看護を受けられるだけでなく，親自身も病気に関する適切な助言や指導を受けることにより，安心して親としての子育て力を身につけていくことができる。

（2）子どもの立場から

病児・病後児保育が整備されていない保育所では，保育中に病気に罹患した場合，事務室で所長が付き添いながら保護者の迎えを待つか，あるいは保育室の隅に寝かされていることが多い。専任の看護師がいない場合には，子どもへの適切な処置がなされず重症化する危険性もある。このような不十分な体制の中で子どもが過ごすよりも，専任の看護師が配置されている病児・病後児保育室で個別的に体調や精神状態，発達状態に合わせた保育を受けるほうが子どもにとっては望ましい。

一方，親が会社を休み，病気の子どもを家で看病する時でも，看病の知識や方法を知らず，さらには精神的にも未熟な親である場合は，むずかる子どもを目の

前にしてストレスがたまり，虐待の一因となることもある。このことは，子どもが病気の時，会社を気兼ねなく休める子どもの看護休暇制度が充実していても，本当の意味で子どもにとって望ましいケアがなされているとは限らないことを示唆している。

2節 病児・病後児保育の歴史

1. 発祥の歴史

1966（昭和41）年に，東京都世田谷区の民間保育所の嘱託医の好意により病院の一室で病児を預かったのが病児保育の最初とされている。この病児保育室は，1年半後，民間保育所の一室に設けられ，現在は「病児予後保育室バンビ」となっている。これが，日本で最初の保育所併設の病児保育である。

その後，1969（昭和44）年には，医療機関内に併設された最初の病児保育室として，大阪府枚方市の市民病院分院に「枚方病児保育室」が開設された。また，1973（昭和48）年には，市からの補助を受けて大阪府寝屋川市に単独型の最初の病児保育室「病気明けつくし病児保育所」が，続く1975（昭和50）年には青森市に医療機関併設型の「青森病気一時保育所」が，さらに，1976（昭和51）年には広島市で保護者たちの運営方式による単独型の「さくらんぼ病児保育室」が開設された。このように，病児・病後児保育が国の事業となる20年以上も前から，先達たちの努力があったことを忘れてはならない。

2. 国庫補助事業の変遷

国庫補助事業の変遷は表5-1のとおりである。この中で「病児・病後児保育事業（自園型）」実施要綱（案）は，保育中に児童が微熱を出す等の体調不良となっても，保護者が勤務の都合で直ちに迎えに来られない場合，迎えに来るまでの間保育所で預かる当日の緊急対応等を行なうもので，保育対策等促進事業費補助金による事業である。

「病児・病後児保育事業」では，事業の形態を施設型（A型・B型・C型），派遣型，自園型と区分している。まず，施設型のA・B・C型は，利用定員数と配置職員数によって区分されている。すなわち，A型は，定員4人以上で常勤看

理論編

表5-1 国庫補助事業の変遷

時期	国庫補助事業の変遷
1991(平成3)年5月	「小児有病児デイケアに関する研究班」を発足
1992(平成4)年7月	「病児デイケアパイロット事業」開始
1993(平成5)年3月	有病児デイケアのあり方についての研究報告
1994(平成6)年4月	「病後児デイサービスモデル事業」を実施(1年限りの事業)
1995(平成7)年4月	エンゼルプランにおいて「乳幼児健康デイサービス事業」実施
1997(平成9)年度	「乳幼児健康支援一時預かり事業」に名称変更
1999(平成11)年度	実施場所に児童福祉施設を加え,対象を保育所入所児童だけでなく小学校の低学年まで拡大した。さらに,病児の自宅で行なう「派遣方式」が加わった。
2000(平成12)年4月	新エンゼルプランが実施され,この中で実施場所として保育所が加えられた。
2005(平成17)年度	次世代育成支援対策交付金(ソフト交付金)に組み込まれる。
2006(平成18)年3月	「保育所型病児保育」ガイドライン(案)を出す。
2007(平成19)年	名称を「病児・病後児保育事業」に変更 「病児・病後児保育事業(自園型)」実施要綱(案)を示す。

護師1名+保育士等1名以上,B型は,定員2名以上で常勤看護師1名(利用数が2名を超えた場合は保育士等を人数に応じて配置),C型は定員2名以上で常勤看護師を置かない場合である。

2007(平成19)年12月21日に,2008(平成20)年度よりこれまでの次世代育成支援対策交付金(ソフト交付金)[3]で実施してきた病児・病後児保育事業を,保育対策等促進事業[4]で実施してきた病児・病後児保育事業(自園型)に組み入れ再編する予定であることが通知された。再編後は,病児・病後児保育事業の病児対応型,病後児対応型,体調不良児対応型の3通りになり,これらは保育対策等促進事業の中で実施される。

用語解説

★3 次世代育成支援対策交付金(ソフト交付金)
市町村行動計画に基づく地域の特性や創意工夫を活かした取り組みの推進のために,2005(平成17)年度より新たに創設された交付金で,延長保育促進事業や病児・病後児保育事業等の子育て支援に関する事業への交付金(ソフト交付金)と,保育所等の施設整備に関する交付金(ハード交付金)があり,個別の事業ごとに交付金額を決めるのではなく,事業計画を総合的に評価して交付される。

★4 保育対策等促進事業
子育てと就労等の両立を容易にするとともに子育ての負担感を緩和し,安心して子育てができるような環境整備を総合的に推進するため,一時保育や休日保育等保育所で行なわれているサービスに対して,国,県,市町村が実施する補助事業の名称。

このように，国は，病児・病後児保育を子育て支援の重要な柱として取り組んできている。その1つとして，2008年度以降，全保育所に看護師を配置する計画を立てている。

3．石川県での取り組み

保育所での病児・病後児保育の補助事業は，国の事業としては前述のとおり2000（平成12）年度からであったが，石川県では県単独事業として1995（平成7）年度から国に先駆けて実施された。そして，2000年度からは，国の補助事業から漏れたものについては，県単独事業として補助してきた。ただし，2005（平成17）年度より，ソフト交付金に移行したため県単独事業の実施施設数は0となり，翌2006（平成18）年に廃止された。

3節　保育所型病児・病後児保育

1．保育所における病気

(1) 保育所における病欠

保育所は生後57日の乳児から就学前の幼児までが集団で生活をするため，常に感染症と隣りあわせの状況である。そのため0歳や1歳で保育所に子どもを預けた多くの母親は，子どもの病気で頻繁に保育所を休ませなければならなくなる。

それでは，実際，保育所では年間にどれだけ病気で休んでいる子どもがいるのだろうか。年齢別に1年間で平均何日欠席したかを定員330名のY民間保育園(石川県)での2006（平成18）年度の調査で見てみると，表5-2のようになった。

この表から，0および1歳児は，平均年間20日以上休んでいることが読み取れる。しかし，2歳になると欠席日数は10日未満となり，その後も加齢とともに減少している。

(2) 保育所で罹患しやすい病気

保育所では子どもたちは，どのような病気に罹患しているのだろうか。

表5-3は，先述のY保育園での2006（平成18）年6，9，12月と2007（平成19）年3月の合計4か月の間に病気に罹患した延べ人数である。これを見ると，子どもたちが実に多くの病気に罹患していることがわかる。つまり，子どもたち

表5-2　1年間の1人あたりの欠席日数（Y保育園2006年度）

年齢（歳児）	1年間の総欠席日数（日）	在籍園児数（人）	1人平均欠席日数（日）
5	343	67	5.1
4	433	69	6.3
3	619	66	9.4
2	600	61	9.8
1	870	41	21.2
0	531	26	20.4

表5-3　保育園でかかる病気（Y保育園2006年6,9,12月2007年3月の4か月分）

	総数	0歳児	1歳児	2歳児	3歳児	4歳児	5歳児
インフルエンザ	91	12	3	23	8	30	15
水痘	97	23	55	13	6		
流行性耳下腺炎	6					3	3
流行性角結膜炎	0						
突発性発疹	2		2				
溶連菌感染症	13		5	2	3		3
手足口病	8			8			
伝染性紅斑	1				1		
ヘルパンギーナ	1			1			
伝染性膿痂疹	4				4		
肺炎	3	3					
感冒	301	47	86	49	50	45	24
発熱	515	76	114	115	76	73	61
マイコプラズマ肺炎	12	2	9		1		
体調不良	37	4	7	13	6	2	5
腹痛・吐気・嘔吐・下痢	73	12	17		13	17	14
ロタウイルス胃腸炎	13	2	11				
中耳炎	1				1		
喘息	6			2	2	2	
RSウイルス肺炎	33	8	25				
アデノウイルス	10		10				
熱性けいれん	3		2			1	
てんかん	12			12			
川崎病	17	17					
顔面神経マヒ	3				3		
膀胱炎	2		2				

は，感染症をくり返しながら成長しているのである。

また，潜伏期間中，病初期，回復期，また休むほどではないが薬を持参して登園している子ども等，異なる健康レベルの子どもたちが一緒に保育を受けていることも見て取れる。

一方，表5-4は，保育所で罹患しやすい病気の一覧である。これには，他児への感染を防ぐために保育所を休ませる期間も掲載されている。特に仕事に就いている親にとっては，この期間は長く感じられるものであると推察される。

2．保育所で行なう病児・病後児保育

(1) 病児保育と病後児保育の区分

病児保育と病後児保育を数値で区分することは困難である。病気の進行の時期で判断すると，「急性期」の子どもを対象とする場合を病児保育とし，「回復期」の子どものみを対象とする場合を病後児保育という場合が最も多い。また，医療機関併設型や医師の管理下にある単独型の保育室で行なう場合を病児保育というように，実施施設に医師が常駐しているか否かで区分している場合も多い。

一方，保育所で行なう場合をみてみると，本来，保育所型は回復期を対象とした病後児保育であるが，保育中に発病した場合は保護者が迎えに来るまでは「回復期」でなく「病初期」である。そのため，保護者の迎えが遅い場合は，「急性期」にも対応することになる。このように，病気の「病初期」「急性期」「回復期」は連続しているため，目安の区分しかできない。したがって，病気の「急性期」と「回復期」での病児保育と病後児保育の区分は曖昧になってしまうことが多い。そのため，病児保育と病後児保育の名称の使い分けは，医師の常駐があるか否かで判断し，たとえ医師の常駐がない病後児保育であっても，しばらくは急性期の子どもを保育できる体制を整える必要がある。以上のことから，保育所で行なう場合は，やむなく病気のすべての進行時期を扱うことがあっても，医師の常駐がないため名称は病後児保育とすべきである。

(2) 保育所で行なう病後児保育の範囲

保育所で扱う病後児保育は，病気の「病初期」「回復期」そして病状が軽くあまり急変の危険性が認められず，かかりつけの医師より保育所での病児保育許可が出ている「症状安定期」である。

保育中に発病した場合，どこまでが病初期にあたるのかは迷うところである。

表5-4 子どものかかりやすい病気

病名	主な症状	休園が必要な期間
麻疹（はしか）	初めの2～3日は風邪に似た症状で、発熱、咳、くしゃみ、目やにや鼻汁が3～4日続いた後、高熱とともに、発疹が耳の後ろや顔から始まり、全身に広がる。発疹が現れてからさらに4～5日高熱が続く。	解熱後3日を経過するまで。（7～10日程度）
インフルエンザ	発熱と寒気があり、頭痛、咳、鼻水、のどの痛み、関節痛、下痢等の症状が出る。熱性けいれん、中耳炎、肺炎等を起こすことがある。まれに脳炎、脳症を合併することがある。	解熱後4, 5日～1週間程度。
水痘（水ぼうそう）	赤い発疹が現われ、すぐに小さな水ぶくれとなり、頭、首から全身に広がり、かゆみを伴う。発熱を伴うこともある。	発疹がかさぶたになるまで。（5日～1週間程度）
風疹（三日はしか）	38℃の発熱とともに赤い発疹が頭や体に現れる。色が薄く1～2日で消える。熱が出ないこともある。	発疹が消失するまで。（3～5日程度）
流行性耳下腺炎	発熱とともに、両側の耳の下とあごの下がはれる。食べ物を嚙む時に痛む。数日で熱が下がるが、熱が出ない場合もある。	耳下腺のはれがなくなるまで。（5日～7日程度）
とびひ	かゆみとともに、水ぶくれがたくさんでき、すぐに破れ赤むけになる。次々と新しいものが周辺に広がっていく。	膿をもった水疱があり、他人への感染のおそれがある間は、プールへは入らない。とびひが広範囲の時は感染するので、休園が必要。
手足口病	口の中に小さな水ぶくれができ、とてもしみる。痛くて食事がとれない。手足やおしりにも、小さな米粒型の水ぶくれができ、1週間前後で消える。	発熱、食欲不振、頭痛、吐き気等があれば休園が必要。
ヘルパンギーナ	発熱とともに、のどの奥に、痛いつぶつぶができて、食事を飲み込む時に痛がる。	解熱するまで。
流行性角結膜炎	まぶたや白眼が真っ赤になり目やにがたくさん出る。	症状が消失するまで。
伝染性紅斑（りんご病）	両方の頰が真っ赤になって、赤い発疹ができかゆみも伴う。腕や太ももにレース状の赤い発疹が広がる。	特に定めなし。
百日咳	初めは風邪のような咳だが、だんだんと強くなる。コンコンコンと強い咳をしたあと、息を吸う時にヒーという音が出る。咳は夜中に出ることが多く、苦しさのあまり起き上がったり、吐いてしまうこともある。この咳は4週間以上続く。	特有の咳が出なくなるまで。（1～2か月）
伝染性軟属腫（水いぼ）	幼児に多いウイルス性のいぼで、半球状をしていて中央に白い部分がある。放置しておくと広がったり、他の子にうつったりすることがある。いぼがただれたり、じくじくしている時はプールに入れない。	休む必要はない。
溶連菌感染症	多くは発熱、咽頭痛と赤く、細かい発疹が出る。いちごのようなぶつぶつとした赤い舌になる。	熱が下がり、有効な抗生物質を1～2日内服するまで。
髄膜炎	発熱と頭痛、嘔吐から始まり、首筋の筋肉が硬直し、頭が前に曲げられなくなる。ひきつけを起こすこともある。	入院して十分な治療を受け、元気になるまで。
咽頭結膜炎（プール熱）	喉がはれて目が赤くなり、高熱が3～4日続く。腹痛や下痢を起こすこともある。	熱が下がり咽頭痛や結膜炎がなくなった後、2日経過するまで。
流行性嘔吐下痢症（ロタウイルス）	冬に多く、下痢、嘔吐、軽度の発熱がみられる。白色～淡黄色の便が5～6日続く。	嘔吐、下痢等の症状がなくなるまで。

前述したY保育園では，38℃で親に連絡をしている。これは，子どもの状態を知らせ，もし都合がついて迎えに来ることが可能であるならば来てもらい，迎えに来ることができない場合には，病後児保育室にて保育をすることを伝えている。これは，病後児保育の開始を伝えるだけでなく，夕方に医療機関での受診の必要性があることの連絡も含んでいる。

他方，39℃以上になった場合には，迎えの要請を親に入れる。この時点で親や家族等の都合がつかない場合は，保育園からかかりつけの医療機関に受診のため子どもを連れて行くことが必要になる。

2006年3月に保育所型病児保育に関する研究班が提示した「保育所型病児保育ガイドライン（案）」では，「発熱の場合，38.5℃以下であるならば保育所の病児保育室入室を受け入れるが，39℃以上は保護者に引き取ってもらう」と規定している。発熱，嘔吐，下痢，咳嗽・喘鳴について，「保育所型病児保育ガイドライン（案）」が示している入室条件を表5-5に示した。

4節　保育所で行なう病後児保育のおもな注意点

1．感染防止

保育所は，集団生活をしている場である。そのため，病後児から健康な園児への感染や，また病後児への二次感染があってはならない。以下は，保育所での感染防止にあたって配慮すべき事項である。

(1) 施設の工夫

病後児保育室は専用室とし，感染防止のために出入口，トイレ，手洗い場は病後児保育専用の動線・設備を備える。

(2) 全職員の意識向上と職員研修

病後児保育に関わる看護師，保育士は，子どもの病気やその対処法についての専門的な知識をもっていることは言うまでもないが，保育所の全職員の保健衛生に関する知識や意識の高揚を常に図る必要がある。そして，保育所が不衛生なために病気に罹患する子どもが多くなるということがないように，日常から衛生に関する指針を確立しておくべきである。「感染を広げる可能性が一番高いのは実は職員である」という意識をもち，研修等で職員の衛生意識を高め続けていかな

表 5-5 保育所型病児保育室における入室条件（保育所型病児保育ガイドライン（案）より）

	入室できる条件	保護者への引き取り連絡
発熱	入室時 38.5℃ 以下 但し，以下の症状があれば入室できない ①呼吸困難がある ②水様便の下痢・嘔吐等による脱水症状がある ③倦怠感（ぐったりしている）があり，元気がない ④麻疹・水痘等の感染力の強い発疹性疾患がある	以下のいずれかの症状がある場合 ①39℃ 以上の高熱となっている ②倦怠感（ぐったりしている）をみとめる ③咳嗽や喘鳴がひどく，呼吸困難がある ④熱性けいれんが生じた ⑤頻回の水様便・嘔吐等による脱水症状をみとめる ⑥食欲がなく，水分や食事を摂取しない
嘔吐	嘔吐がみられても，脱水症状がなく，水分等を摂取できる 但し，以下の症状があれば，入室できない ①倦怠感（ぐったりしている）があり，元気がない ②38.5℃ 以上の発熱がある ③水様便が頻回（24 時間以内に 5 回以上）にある ④咳嗽や喘鳴がひどく，呼吸困難がある	以下のいずれかの症状がある場合 ①倦怠感（ぐったりしている）をみとめる ②脱水症状が強くなっている ③39℃ 以上の高熱となっている ④咳嗽や喘鳴がひどく，呼吸困難がある ⑤水様便が頻回となり，脱水症状をみとめる ⑥嘔吐を頻回に認め，脱水症状をみとめる ⑦嘔気・嘔吐や咳嗽のために，水分や食事を摂取しない
下痢	下痢がみられても脱水症状がなく，水分等を摂取できる 但し，以下の症状があれば入室できない ①倦怠感（ぐったりしている）があり，元気がない ②38.5℃ 以上の発熱がある ③水様便が頻回（24 時間以内に 5 回以上）にある ④嘔吐を頻回に認める ⑤咳嗽や喘鳴がひどく，呼吸困難がある	以下のいずれかの症状がある場合 ①倦怠感（ぐったりしている）をみとめる ②脱水症状が強くなっている ③39℃ 以上の高熱となっている ④咳嗽や喘鳴がひどく，呼吸困難がある ⑤水様便が頻回となった ⑥嘔吐を頻回に認める ⑦嘔気・嘔吐や咳嗽のために，水分を摂取しない
咳嗽・喘鳴	咳嗽や喘鳴がみられても呼吸困難がない 但し，以下の症状があれば入室できない ①倦怠感（ぐったりしている）があり，元気がない ②努力呼吸や陥没呼吸等の呼吸困難がある ③38.5℃ 以上の発熱がある ④咳嗽や喘鳴がひどく，水分等が摂取できない ⑤咳嗽がひどく，水分を摂取しても嘔吐してしまう	以下のいずれかの症状がある場合 ①倦怠感（ぐったりしている）をみとめる ②努力呼吸や陥没呼吸等の呼吸困難がある ③39℃ 以上の高熱となっている ④咳嗽や喘鳴がひどく，水分が摂取できない ⑤咳嗽がひどく，水分食事を摂取しても嘔吐してしまう

ければならない。

なお,保育所は健康な子どもばかりではなく,障害のある子どもや病気の子ども,外国籍・外国にルーツのある子ども,地域の未就園児等,実に多様な子どもたちが一緒に生活をしている場であるという認識を全職員がもたなければならない。そのため,職員会等の定期会議において全職員に病後児保育について報告をし,接触の少ない病後児保育室の職員が孤立することのないように留意すべきである。このことは,保育所で行なうすべての事業についても言えることである。

(3) 地域版ファミリーサポートセンター

感染力が高い病気は,保育所の病後児保育室では預かることができない。しかし,保育中に感染症の発病があり,かつ親の迎えが遅いといったように,どうしても保育園でケアしなければいけない状況がある。この時,病後児保育室がそれに対応できない造りの場合には,地域の中に支援してくれる人材を組織しておく必要がある。

これについては,本書7章で紹介する「ファミリーサポートセンター」の活用は有効である。前述したY保育園では,近所のサポーター宅に病児と一緒に給食も届けるといった活動をしている。もちろん,子どもが不安がらないようにサポーターはファミリーサポートセンターの仕事がない場合には,日常的に保育園をサポートするために保育園に出入りし,子どもたちと親しくなっておく必要がある。

2．病後児の心のケア

病気に罹患している子どもは心身ともに不安定になっているため,その不安を取り除く工夫が必要である。Y保育園において病後時保育をスタートさせた際,保健室内で子どものベッドと遊ぶスペースをロッカーで区切り,さらに,ロッカーの上部にカーテンをし,病気の子どもが落ち着くようにした。ところが,一瞬でも看護師や保育士の顔が見えないと子どもが非常に不安がることがわかり,カーテンを取り除いたということがあった。

3．病状急変時の支援体制

保育所には,医師が常駐していないため子どもの症状が急変し,どのように対処すればよいか判断がつかない緊急の場合に,相談して指示を仰ぐことのできる

理論編

医師や受診できる医療機関をあらかじめ決めておく必要がある。また，救急車を呼んだ際には滞りなく対応できる適切な指示経路も確立しておかなければならない。

5節　子育て支援の充実をめざして

1．全保育所に看護師の配置を

　子どもが病気の時の保育は，子育て支援に最も必要とされる支援であると言える。国もエンゼルプラン以来，数値目標を立て重大事項として力を入れてきた。しかし，専門性を有する看護師の配置が必要となるため，その数値は目標に達していない。まずは，全保育所に専任の看護師を配置し，子どもの健康増進のための活動をどこの保育所でもあたりまえに行なうようになり，けっして病気の子どもの保育が特別なものでないという認識をもつことが必要である。

　また，病気の子どもだけでなく，けがの処置，医師との連絡，保護者への情報提供や啓発のためにも看護師は必要である。もちろん，これは看護師が1人配置されればすぐに行なえるものではなく，前述したように全職員の研修が必要になってくる。そもそも，子どもの健康状態はいつも一定ではない。医師にかかるほどではなくても発病前で元気がなかったり，食欲がなく機嫌が悪かったりとさまざまな状態の子どもが保育所で一緒に生活している。したがって，看護師と保育士双方の専門性が必要とされる。

　病後児保育は働く親にとって就労を保障するものである。しかし，病気である子どもの不安感を考えると，いつも登園している保育所に病後児保育室があることが望ましいと言える。登園している保育所は，子ども自身の安心感だけでなく親自身も日頃から職員との信頼関係があるため，他所に預けるよりはるかに安心である。看護師の配置だけではなく，多くの保育所で病後児保育室を立ち上げることは子育て支援の充実にとって重要な課題である。

　また，前述した地域版ファミリーサポートセンターの助け手として，引退した看護師を多く採用していくことも病気の子どもの保育を支援することにつながるだろう。

2. 病児・病後児保育が継続していくために

　病児・病後児保育は，今後普及していく必要がある事業ではあるが，その事業に必要な費用は国，県，市町村の補助金や一部保護者からの利用料でまかなっている。もし今後，補助金が減額される，あるいはなくなった場合には，事業の継続はきわめて困難になる。しかし，最近，東京において補助金なしで病児・病後児保育事業に乗り出し，採算ペースに載せたNPO法人がある。採算に乗せることが難しい理由としては，需要の季節変動が顕著であることが関与しており，これを解消するために病児・病後児保育利用を会員制にしている。ここでは，入会金と月々の会費が収入源となり，月1回の利用は無料であるが2回目からは会費とは別の利用料がかかる仕組みになっている。つまり，自動車保険と同じように，利用の多い会員ほど月々の会費が高くなるようにし，利用しない会員が不公平感をもたないように配慮している。この事例は，今後の子育て支援のあり方を示唆するものである。事業を利用する親も応分の利用料を支出し，事業提供者と事業利用者がともに事業の継続に努力していくことが求められる。

● 引用・参考文献

帆足英一　1997　病児保育マニュアル　全国病児保育協議会
日経ビジネス　2007月11月26号　日系BP社
島田美喜・遠藤郁夫・帆足英一・森田倫代・山田静子　2006　保育所型病児保育ガイドライン（案）
高野　陽・西村重稀（編著）　2004　体調のよくない子どもの保育－病児・病後児の保育－　北大路書房
東京都病後児保育事業マニュアル　2005　東京都

理論編

6章 外国籍・外国にルーツをもつ子どもへの支援
―ペアレント・インボルブメントの視点から―

　わが国では外国籍・外国にルーツをもつ人たちが増えてきている。この背景には，1990（平成2）年に一部改正された「出入国管理及び難民認定法（入管法）」により，日系二世，三世に「定住者」の在留資格が認められるようになったことと，当時のわが国のバブル景気による労働力不足が追い風となり，日系南米出身者の来日が急激に増加してきたことにある。しかしながら，地域社会においてはさまざまな文化背景や価値観をもつ人々がともに暮らしていることについての認識がまだ浅く，外国籍・外国にルーツをもつ住民たちは暮らしにくさを感じていることも事実である。特に地域の保育所や幼稚園に通う外国籍の子どもたちは，就学後もクラスの仲間から異質な存在として見られがちで，日本社会に適応しようとするものの，実際には難しく非常に辛い思いをしているのが現状である。

　本章では，人的・物理的環境，特にペアレント・インボルブメントの視点から外国籍・外国にルーツをもつ幼児を取り巻く日本の保育文化について言及する。

1節　多文化時代の潮流：日本社会の「多文化化」

　わが国には長年，単一人種・単一民族の国家という誤った観念が存在し，アイヌ民族や在日韓国朝鮮人を圧迫し，同化を強要してきた現実がある。しかし，近年では中国からの帰国者であるオールドカマーや新渡日者であるニューカマーの増大により，ようやく内なる国際化の問題が認識されるようになった。そして21世紀に入ってますます加速する社会経済的なグローバル化を背景に，日本社会の多文化化が急速に進み，多文化保育の重要性が取り上げられるようになって

きている。

　ニューカマーの数で全国でも上位の滋賀県においては，外国人登録者数は2006年12月末現在30,406人であった（滋賀県国際協会，2007）。国籍別では，ブラジル（13,922人／47％），韓国・朝鮮（6,160人／20％），中国（4,069人／13％），ペルー（1,967人／6％），フィリピン（1,769人／6％），米国（415人／1％），その他（2,104人／7％）となっている。およそ46人に1人が外国人で，特にブラジル国籍の人たちの数は増加の一途をたどっている。この状況の中，各自治体，保育所，幼稚園，学校は手さぐり状態で保護者やその子どもたちの支援の方策を模索している

2節　外国籍・外国にルーツをもつ幼児が提起すること

1．早期支援と早期英語教育の関係

　わが国では多文化化が進み，外国籍や外国にルーツをもつ子どもたちが増えている。多くの大人たちは「外国」と聞くと，英語教育とすぐ結びつけてしまう。近年，早期英語教育関連の書籍が急増し，幼児・児童向けの英会話クラスや教材が宣伝されている。英会話の習得は早ければ早いほどよいと考える親たちの影響によるためか，多くの幼稚園では早期英語教育が導入されつつある。

　しかし，その社会現象の陰で，日本語も英語も母国語ではない外国籍の幼児は多くの困難にさらされている現実がある。

2．早期英語教育がはらんでいる問題

　外国籍の幼児が直面している問題は，親が仕事に忙しく落ち着いた家庭生活を送れる環境をつくることが難しいこと，日本の教室は異質性を排除する傾向が強いためクラスの友だちとなじみにくいこと，日常生活に必要な言語習得は比較的たやすいが，就学後，学業についていけるだけの言語能力を身につけることが容易ではないこと，そして日本滞在が長期になるにつれ母国語の能力が落ち，家族とのコミュニケーションがとりにくくなること等多種多様である。

　外国籍の幼児が提起するこうした問題点は，従来日本の幼児教育界がほとんど経験してこなかったものである。このような問題が浮き彫りになる中，今なぜ早

期英語教育が重視されるのであろうか。

　英語を導入する目的の1つが国際理解教育であるならば，まずは世界の多様性を幼児期から教え，自分とは異なるものに対する寛容な心を育むことが重要である。英語教育のみが重点的に推進されることは，世界は英語だけではないという多言語主義から大きく逸脱してしまう恐れがある。

3．日本における保育文化の問題点とその改革

　早期英語教育の導入により問題視されることの1つに，外国籍・外国にルーツをもつ子どものアイデンティティの問題があげられる。これは，日本滞在が長期化しているニューカマーの幼児だけの問題ではない。オールドカマーの二世・三世・四世たちの多くは日本で生まれ育ち，日本語には不自由していなくても，年数を重ねるごとに異なる民族性ルーツをもつことで自己のアイデンティティの確立に苦悩し，自分自身の帰属性をめぐる居場所探しを強いられている。

　また，もう1つとして，セルフエスティーム（自尊感情）の問題があげられる。オールドカマー・ニューカマーの幼児のみならず，わが国において被差別的な立場にある子どもたちは自尊感情が低いとされている。今日的な差別は，露骨な差別言動としてではなく，むしろ自己の可能性や所属している世界の制約として現われている。これらの問題点を考慮に入れ，マジョリティの文化である日本文化の同化要請にならない保育が必要である。具体的には，人的・物的環境を全体的に改め，幼児，保育者，保護者の関係性を再度見直し，幼児の多様性に対応した環境づくりと学び，発見のある保育づくりに取り組んでいくことである。

　一方，外国籍・外国にルーツをもつ子どもの入所・入園によりクラスが混乱したとも言われるが，それは一面的な見方である。もちろん，保育者が，言語や行動様式の異なる外国籍の幼児を迎え入れることは容易ではないが，混乱を生じさせる原因には幼児の個性や違いを無視し，結局のところ同一行動を要求し，1つのクラスにパッケージ化しようとするわが国の保育文化のあり方によるところが大きい。今後，外国籍や外国にルーツをもつ子どもを保育所・幼稚園で受け入れるにあたっては，多様性を育む多文化保育の視点を保育文化に取り入れていくことが大切である。また，それはすなわちわが国の保育文化を見直す契機であると真摯に受けとめる姿勢が求められる。

3節 多文化時代に求められる言語能力：母国語の重要性

　2000年12月に出された第22期国語審議会答申では，これからの時代に求められる日本人の言語能力に関し，「外国人とのコミュニケーションのために外国語を習得することは有効であるが，日本語を母語とする者の言葉の能力の根幹は，日本語能力の習得によって培われる」と述べられている。つまり，外国人との真のコミュニケーションをもたらすのは第一に言語（外国語）ではなく，異文化への「開かれた心」に他ならないのである。そして，その開かれた心を育む重要な役割を果たすのが母国語なのである。

　1999（平成11）年幼稚園教育要領解説（領域「言葉」）では，「経験したことや考えたこと等を自分なりの言葉で表現し，相手の話す言葉を聞こうとする意欲や態度を育て，言葉に対する感覚や言葉で表現する力」を幼児期に身につけるように明示している。これからの多文化時代を担う日本の幼児においては，母国語が異なる相手に対して自己の考えや思いを伝達し，時には主張し説得することが求められる。同時に，相手が何を伝えようとしているのか，異なる言語にも耳を傾け，相手の気持ちを汲もうとする姿勢も求められる。そして，これらの基盤には，自分とは異なる背景（文化）をもつ者であってもコミュニケーションの相手として意思伝達を図ろうとする構え，つまり柔軟で開かれた心が不可欠となる。

　多文化保育を進めていく保育者は，改めて母国語である日本語に対する子どもたちの意欲と感性を磨くことの重要性を認識する必要がある。

4節 ペアレント・インボルブメントの実際

1. オーストラリアの多文化保育におけるペアレント・インボルブメント

（1）多文化保育の基礎概念

　オーストラリアの多文化教育や多文化保育は米国の多文化教育の理論的指導者，バンクス（James A. Banks）の影響を強く受けている。バンクスら（Banks & Banks, 1997）は，多文化教育を「あらゆる社会階級，人種，文化，ジェンダーの生徒たちに教育機会を提供できるように，学校等の教育機関を改革する運

動」だと位置づけている。また,「カリキュラムや教育機関を改革することにより,男女両性及び多様な社会階級,人種エスニック集団の生徒が平等の教育機会を経験できるようにすることを主要な目標とする教育（改革運動）」とも言い,マイノリティの人権が尊重されるための教育改革の視点であるとしている。

(2) オーストラリアの多文化保育

オーストラリアは,総人口の約90％以上を英国やアイルランド系移民の子孫が占め,その他ヨーロッパ各国,南北アメリカ,アジア,太平洋諸国,中近東から移り住んだ人々そして先住民族のアボリジニと,まさに多民族国家ならではの社会が形成されている。その多様な人種で構成されたオーストラリアにおける保育施設では,1994年「Quality Improvement and Accreditation System: QIAS（質の改善と認可制度）」が導入され,すべてのスタッフと保護者がチームの一員として尊重され協働で支援することが基本となり,多岐にわたる項目が設定されている。

2. 多文化保育の質を高める6つの構成要素

オーストラリアの保育現場では,多文化保育の質を高める6つの構成要素を基盤に関係づけさせ日々保育に取り組んでいるところが多く,ペアレント・インボルブメント（Parent Involvement：保護者参加）と密接な関係が保たれている。

＜6つの構成要素＞
　① Policy and procedures（方針と手段）
　② Professional development（スタッフ研修）
　③ Information and communication（情報とコミュニケーション）
　④ Children's development（子どもの発達）
　⑤ Community participation（地域参加）
　⑥ Evaluating environments（環境の評価）

上記の多文化保育の質を高める6つの構成要素と,「家族」「スタッフ・専門家」「地域」「子ども」が協働（コラボレーション）することが多文化保育の質をより高める条件となる（図6-1）。

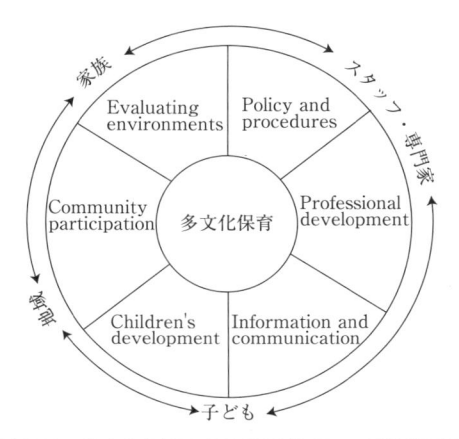

図6-1 多文化保育の質を高める6つの構成要素

3. オーストラリアの多文化保育とチーム支援

　オーストラリアの多文化保育では，保護者による保育参加（ペアレント・インボルブメントの視点），保護者による保護者のための支援（情報とコミュニケーションの視点），子どもの観察記録に基づくアクティビティプラン（子どもの発達・環境の評価の視点），地域ボランティアによる保育活動（地域参加）等を含む6つの構成要素（Khoshkhesal, 1998）が重要とされる。そして，子ども・保護者・保育者の相互に開かれた安心と信頼の人間関係を意味する「コミュニケーション（Communication）」，異なった専門性や役割をもつ者どうしが子どもの問題について検討し，今後の援助のあり方について話し合う（石隈，1999）「コンサルテーション（Consultation）」，支援ネットワーク活動のシステマティックな対応を円滑に行なうための人や機関のさまざまな関係調整を行なう「コーディネーション（Coordination）」，保護者や保育者のための「カウンセリング（Counseling＝保育相談）」，互いの違いを認め，それぞれの良いところを見いだし，活かし合いながら同じ目標に向かって協力して働く意味での「コラボレーション（Collaboration＝協働）」の「5つのC」の機能（中村，2007）を含んだチーム支援の観点がみられ，ペアレント・インボルブメントが単なる園での保護者による活動ではなく連携・協働によって支持されている。

4. 多文化保育アクティビティ（活動）に関わる活用表

(1) 多文化保育アクティビティ例

表6-1でいくつかのアクティビティを紹介する。このアクティビティは，対象を月齢・年齢別に分けているが，それに固執する必要はない。アクティビティを変化させ，発展版として応用して活用することができる。

(2) 多文化保育環境チェックリスト

表6-2では多文化保育環境チェックリストを紹介する。それぞれのコーナーにおいて，人的・物理的に何があり，何が不足しているのかをチェックする。そして，多文化的視点から継続的に保育環境を見直すきっかけとする。また，アクティビティや保育環境を通して，子どもたちだけでなく保育者（保護者を含む）の多様な見方・考え方を育むことができる。

(3) 多文化保育環境サポートチャート

多文化保育環境サポートチャートは1週間を通して，どのクラスに何を設定したかというのが一目でわかること，また日々，多文化保育の活動を取り入れることで特別な活動をしているという保育者側の意識を軽減することにもつながる（表6-3）。

毎日1クラス（月齢別でもよい）に焦点を当て，それぞれのコーナーに設定する活動を簡単に記入する。アンチバイアスエリア[*1]には下記に示した略語（AB，AG等），または下線が引かれた語句を記入すると何についての活動かを理解しやすい。すべてのコーナーに活動を無理に設定する必要はない。その場合は空欄，または「なし」と記入するとよい。

＜アンチバイアスエリアの略語解説＞

AB: Ability（能力：身体的，精神的または感情的な能力に関すること）
AG: Age（年齢に関すること）
AP: Appearance（外見に関すること）
BEL: Belief（信念に関すること：受容性や宗教，アニミズム[*2]等も含まれる）
CLS: Class（階級に関すること：人の背景のこと；仕事，教育，服装，交通等人の生活に直接関わること）
CUL: Culture（文化に関わること）

FC: Family Composition（家族形態に関すること：人数，関係，決められた役割等）
GEN: Gender（ジェンダーに関すること）
R: Race（人種に関すること）
SX: Sexuality（性的特質に関すること）
ALL: All Anti-Bias Areas（すべてのアンチバイアスエリアに関すること）

> 用語解説
> ★1　アンチバイアスエリア
> 実践されるアクティビティに含まれる多様性を表す領域（能力，年齢，外見，信念，階級，文化，ジェンダー，人種，性的特質）のこと。
> ★2　アニミズム
> 「（雨が降っているのを見て）空が悲しんでいる」と考えるように，無生物や植物等に人間と同じ心や意思があると信じること。

(4) コミュニティリソースチャート

コミュニティリソースチャートは，地域で入手できる材料，資料，教材や人材を記入しておくものである（表6-4）。1シート1地域に限定すると，その地域で他のリソースが新たに入手できた場合，次々に書き込むことが可能である。

・どこで手に入りますか：場所や施設の名前等がわかるように記入
・コミュニティリソース：一目見てわかるように，何のリソース分野かを記入（例：多言語パンフレット，民族楽器，人形等）
・材料・資料・教材・人材：リソースの詳細を記入
・コメント：利用する前後の感想や手に入れる際の知っておくべき事項等

多文化保育アクティビティ，多文化保育環境チェックリストおよびサポートチャート，コミュニティリソースチャートを活用しながら保育環境を継続的に見直し，整え，実践を繰り返すことが，外国籍・外国にルーツをもつ子どもやその保護者への支援の一助となるだろう。

理論編

表6-1 多文化保育アクティビティ例

アクティビティ	対象（月齢・年齢）	アンチバイアスエリア	アンチバイアススキル	準備物
ファミリー子守唄	3～18か月	文化，家族	家族と関連しながら自己感覚を促進すること	・テープレコーダー（またはCDレコーダー等の録音できるもの） ・空テープ（またはCD等）
「わたし・ぼく」の本	6～18か月	文化，ジェンダー	自尊感情や家族との一体感を促進すること	・家族から提供してもらったその子どもの写真 ・園で保育中に撮ったその子どもの様子の写真 ・小さいフォトアルバム（片手サイズ）
サウンドシェーカー（握って投げて振って握って）	4～12か月	文化	異なった文化の模様や生地に触れること	・プラスティック容器やボトル等 ・異なった文化で使用されているような模様の生地，さまざまな音（違った音量やピッチ）を奏でる小石・砂・貝がら・ボルト・豆・米等，のり，リボン
いないいないばぁボード	18～30か月	人種，ジェンダー，能力，年齢，文化	自分の気持ちに気づくこと，自己・他者の個性を認めること	・多様性（人種，年齢，ジェンダー，能力等）を表わした子どもや大人が写っている写真（大きに現像），さまざまな表情がよく出ている写真 ・それぞれの写真はラミネート加工し，ボードに貼る。その上からさまざまな模様の布で写真を隠す（めくりあげられるように押しピン等でとめる。安全であること）
鏡みて！	18～24か月	外見	さまざまな外見に接すること	・大きな鏡（または姿見） ・人の顔や体の写真や絵（大きいサイズ）
クライング・ベービー	18～30か月	ジェンダー，人種	家族に関連しながら自己理解を強めること，共感すること	・さまざまな国の人形，オムツ，毛布 ・足先まで覆った幼児用の寝巻き，よだれ掛け，哺乳瓶，おしゃぶり ・小さいブラシ，人形用のベビーベッド ・子どもが泣いている声を録音したテープとテープレコーダー（テープに限らない）
ミックス・スーツケース	24～30か月	文化，能力	類似点と相違点に気づくこと	・スーツケース ・帽子（冬用，夏用），野球帽，スカーフ，サンダル，靴下，スリッパ，ズボン，マスク，めがね等 ・おもちゃの車，ぬいぐるみ，積み木，本 ・服等異なった文化で使用されているようなものをいくつか選ぶ
かばんの中身はなんだろね？	3～5歳	文化	自尊感情を高めること，自己・他者の個性を認めること	・巾着袋 ・子どもがそれぞれ選んだ特別なアイテム（学校や家から）
もしもシリーズ	4～5歳	階級	さまざまな事態に遭遇した場合の援助	なし

6章　外国籍・外国にルーツをもつ子どもへの支援—ペアレント・インボルブメントの視点から—

	活動のポイント
	1. それぞれの家族にテープなどを配布し，彼らの言語の子守唄や好きな歌を録音してもらう。 2. 園で小グループ活動や個人活動の際に音楽を流す。 3. 音楽を流している時には，その曲が誰からのものなのか子どもたちに知らせる。 4. 子どもたちと一緒に歌を覚える。 5. 慣れ親しんだ音楽を聴くことで，子どもたちの安心感が強化されることを認識する必要がある。
	1. それぞれの子どもの発達記録を残すためにキーとなる日課（保育活動含む）を写真に収め記録する。 2. それぞれの子どもに片手サイズのアルバムを用意し，写真を入れていく。 3. 写真はだいたい6か月ごとに新しくするとよい。 4. みなのアルバムを座って見る機会をつくり，何をしているところなのか，どんな気持ちで活動しているのか等を写真を通して話をする。 5. 写真に写っている人や物について何か子どもが発言しようとした際，それぞれの子どもたちの感情や言葉を尊重することが大切であり，サポートすることも必要である。
	1. 異なったサイズや形の容器に物を入れ（蓋をする）カバーをする（生地を貼る）。たとえば，長方形の筒を用意し両端に蓋をして，布で巻き，キャンディーのように端をリボンで結ぶのもよい。 2. 子どもたちに"どうやって物をつかむのか"，つかめるようになったら"どうやって振るのか"を体験させる。 3. それぞれのシェーカーが違った感触，違った形や模様，違った音をしていることを言葉で表現する。例：「この緑の筒はやわらかい音がするね」
	1. 子ども自身が布をめくり，写真を見て何をしているところなのか，写っている人の気持ちなどを表現する（嬉しい，悲しい，怒っている等）。 2. 子どもたちのさまざまな意見を聞きながら活動を続け，どのようにして自分たちの気持ちをコントロールするかを学んでいく。
	1. 人の顔や体の写真や絵を鏡に貼り付ける。 2. 鏡に張られた顔や体の部分をさし，自分自身と比較する。例：「お鼻はどこですか？」 3. 多様な人たちの写真や絵を鏡を通して（服装，髪の色，細い・太い等自分を映しながら）さまざまな違いを楽しむ。
	1. テープレコーダーを隠し，泣いている子どもの声を流す。 2. 子どもたちに「なぜ泣いているのか」を聞く。例：「お腹がすいているのかな？」「オムツがぬれてるのかな？」「疲れてるのかな？」「抱きしめてほしいのかな？」等 3. 子どもたちの意見を用意するものを使いながら聞く。 4. 子どもたちの行動にもコメントをしサポートする。 5. 物を触ったり，自分たちの体の部分や感情に関連して話をすることで，子どもたちの言葉を増やしていく。 6. お兄さんやお姉さんとして自分ができることについても話す。
	1. スーツケース（中身は入れたまま）を床に置き（子どもたちは輪になって座る）中にはさまざまなものが入っていることを伝える。 2. 子どもたちに「はくものを集めましょう」等質問をしてスーツケースを広げる。 3. 子どもたちが集めたあと，1つずつ持って「これは何？」「どうやって使うもの？」など体の部分をさしながら示していく。例：「はい，そうですね。これはくつです。私たちは足にくつをはきます」 4. 「みなが遊ぶものを1列に並べましょう」等と声をかけ分類することを学ぶ。 5. スーツケースとその中身をそのままにし，子どもたちがどのように分類するかを観察する。
	1. 2，3人の小グループまたは大きなグループになる。 2. 一人ひとり持ってきたアイテムを巾着に入れ，（他の子どもたちには見せずに）何が入っているかを他の子どもたちにあてる。 3. ただそのアイテムの描写をするだけでなく，どんな時に使うのか等，さまざまなヒントを与えてサポートする。 4. 経済的に厳しい家庭の子どもたちは，園にあるものを選べるように配慮する。このことですべての子どもの気持ちが落ち込まないように努める。
	1. 子どもたちを集め，今日は「もしも○○だったら，どうする？　何か助ける方法はないかな？」という"考えるゲーム"をすることを伝える。 2. 質問例：「もし，誰かがベットがなかったら，その人はどこで寝たらよいでしょうか」，「もし誰かが車がなかったら，どうやって仕事に行けばいいでしょうか」，「もし誰かが，ブーツがなかったら，どうやってグチョグチョの道を歩いたらいいでしょうか」，「もし誰かが新しい服を着て道路を歩いている時，その横を車が走り泥水が新しい服にかかってしまったらどうしたらいいでしょうか」，「もしお母さんが子どもにジュースを買うために100円渡したとして，子どもが店に着いたらその100円を落としていると気づいたら，その子はどうしたらいいでしょうか」等。 3. 子どもたちにできる限りの解決法を考えさせる。 4. 問題を抱えた人たちがどのような気持ちなのかを考えさせる。 5. 家族や地域間でさまざまな環境の下に暮らしている人たちがいることに気づかせ，共感する心を高める。

表6-2 多文化保育環境チェックリスト

【玄関・ロビー】
1) 地域に住んでいる人が使用している言語で書かれたポスター，掲示，インフォメーション，歓迎挨拶文がありますか。
2) 保護者用に日本語で書かれたチラシに加えて，多言語でのチラシはありますか。
3) 多文化な背景をもつ親や子どもの興味が向けられる場所はありますか。
4) さまざまな背景をもつ子ども，親，先生を反映するような写真や絵がきれいに展示されていますか。
5) 写真や絵，展示物は日本の文化的多様性に反映していますか。

【ままごとコーナー】
普段使用している食器類や家具に加えて以下のものがありますか。
1) 異なった文化の人々が普段使用する食器類
2) 異なった文化の人々が普段使用する家具
3) 異なった文化の人々が着る服や帽子（普段用・仕事用・儀式用）
4) 日本語や多言語で書かれたラベル付きのパッケージ（箱，缶等：輸入物が売られている店や中華街等で手に入る）
5) 異なった文化を表わしている服，肌の色，外見をした指人形やパペット
6) 異なった文化や民族グループの男の子や女の子の人形
7) 異なった民族グループの障がいをもった男の子や女の子の人形（手作りや購入したもの）
8) 異なった文化の典型的な家族の様子（例：子どもにご飯を食べさせているところ，仕事の分担）が表わされているポスター・絵・写真等
9) ブルーカラー（工場や修理関係の仕事をする人等）やホワイトカラー（教師や医者等）と呼ばれる男女のポスター・絵・写真等
10) さまざまな文化の工芸品，伝統的な色や模様（例：ゴザ，じゅうたん，壁掛け，彫刻品等）
11) 異なった文化で使用されている背負子，ゆりかご
12) 姿見や手鏡

【アート・クラフトコーナー】
1) アートやクラフト活動のコーナーは部屋だけでなく，外にも設定していますか。また，それはばたばたしたところから離れていますか。
2) 明るさは充分ですか。
3) 茶色・黒色の絵の具，フィンガーペイント，クレヨン，カラーペン，カラーチョーク，画用紙，お絵かき用の紙，工作用の紙がいつも準備されていますか。
4) 同じ色でも濃い色から薄い色があるとわかるような粘土がありますか。
5) 異なった肌の色を表わせるように十分な色の絵の具がありますか。
6) 異なった文化を表わすようなデザインや模様の作品が展示されていますか（例：先住民をモチーフにしたもの等）。
7) どの文化にも共通したような作品が飾られていますか（例：網み物，木工品，陶器，刺繍品等）。
8) 子どもたちが自然物と関われる機会がありますか（例：枝，石，葉，土粘土等）。

【ブックコーナー】
1) ばたばたしている場所から離れて設定されていますか。
2) 魅力的で心が引きつけれられる場所ですか。
3) 日本語で書かれた本以外に，違う言語で書かれた本はありますか。
4) 本に描かれた絵は子どもたちの環境や経験に反映していますか。
5) いくつかの本は，ジェンダー的な役割，人種や文化的背景，特別支援や障がい，職業，年齢等の多様性を肯定的に表現していますか。
6) いくつかの本の内容や絵が，異なった文化のグループの儀式や行事と同様に，一般的な保育に関することや日々の生活を描いていますか。
7) 本には多様な家族生活のスタイル，収入，宗教が肯定的に描かれていますか（核家族で親が2人という絵本だけ置くことには注意）。
8) 日本語と地域で使用されている言語で書かれた本を家族が借りることができますか。

【ブロックコーナー】
1) 子どもたちが構成的に遊べる十分な場所がありますか。
2) 静かな活動の場所から離れたところに設定されていますか。
3) ブロックの補助人形（例：多様な人種をかたどった人々，木々，動物等）がありますか。
4) あなたの地域の典型的な人々，建物，交通手段等のポスター，絵，写真がありますか。
5) 異なった文化や生活スタイルを表わしたポスターや写真をいつも飾っていますか。

【パズルやゲーム等を含む教材】
1) 教材は，さまざまな方法で概念（考え）やスキルを発達させることができるものですか。
2) 教材は空間的関係，分類，配列，記憶，連続性，調和性，計算，連合についての内容を含んでいますか。
3) いくつかの教材に描かれたイラストが子どもたちの環境（例：田舎と都会）に反映していますか。
4) いくつかの教材には文化，人種，ジェンダー，身体的能力の多様性が描かれていますか。
5) いくつかの教材には日本語と地域で使用されている言葉が印刷されていますか。
6) 教材は視覚的に整頓されていて，簡単に届く位置に置かれていますか。
7) 子どもたちは異なった文化の楽器にふれたり，踊りや音楽を見たり聞いたりする機会がありますか。
8) 教える踊りやリズムゲーム等は異なった文化特有のものがありますか。
9) 子どもたちは指遊び，ライム，歌等を地域で使用されている言葉で教えられますか。

【園庭】
普段使用している遊具や道具に加えて以下のものがありますか。
1) 子どもたちが板の上等でジャンプする時に横で流す異なった文化の音楽
2) 常設の音楽コーナーには異なった文化の音楽の音色等が聞けるとともに，風鈴やベル，トライアングル等がありますか。
3) やしの葉や木々で作った小さな場所や小さいテントを時々設置していますか。

園庭の Dramatic Play 用に以下のものを設置していますか。
1) 買い物遊び用のマットやかご
2) 子ども用テーブルとクッション
3) ちょっとした食べ物を作ったり食べたりできるスペース
4) 子どもたちや人形用のハンモック

【砂や水遊びコーナー】
1) いつも置いている用具以外に，他の文化で使用されているさまざまな道具を置いていますか（例：蒸し器，こし器，中華なべ，ケーキ用の型等）。
2) 砂，土，粘土の使い方を異なった文化の慣習を通して体験できますか。

【木工作コーナー】
1) 木工作用の作業台はありますか。
2) 道具の使い方をしっかり守れるような規則がありますか。
3) 地域で一般的なものや異なった文化の木工作品やその写真が頻繁に飾られていますか。

【園所全体として】
1) 異なった文化の木工品，絵や写真等を頻繁に掲示していますか（例：建物，橋，交通手段等）。
2) 子どもたちやその保護者にとってとても重要な行事や儀式を示した写真，ポスター，工芸品を置いていますか。
3) それらは読み聞かせや話し合いの時に活用していますか。
4) 情報を収集したり掲示物を訳してもらう等の作業をする際，保護者にも手伝いを頼んだりしていますか。
5) 給食には在籍している子どもたちの食文化を反映したメニューがありますか。
6) 子どもたちが宗教的，文化的，身体的理由で食べられない食べ物があった場合，その子どもたち用に他の食べ物が用意されていますか。
7) クッキングの活動では，普段子どもたちがよく食べているもの以外の材料で料理したり，またそれを試食することができますか。

【先生たち】
1) すべての先生たちがさまざまな文化について学ぶことを奨励していますか。
2) バイリンガル，バイカルチュラルの先生が雇われていますか。
3) 1日を通してバイリンガルの先生が彼らの言語を使って子どもたちと接することを奨励していますか。
4) 先生たちが多文化に関わる教員研修に参加できる機会が与えられていますか。

それぞれのコーナーにおいて，人的・物的に何があり，何が不足しているかをチェックする。これらは多文化的視点から継続的に保育環境を見直すきっかけとする。また，アクティビティや保育環境を通して，子どもたちだけでなく保育者（保護者も含む）が多様な見方・考え方を育むことができる。

表6-3 多文化保育環境サポートチャート

	まごとコーナー	環境/科学	言葉/美術	数/操作力	感覚	創造力	運動遊具	アンチバイアススキル
月曜日 クラス：								
アンチバイアスエリア								
火曜日 クラス：								
アンチバイアスエリア								
水曜日 クラス：								
アンチバイアスエリア								
木曜日 クラス：								
アンチバイアスエリア								
金曜日 クラス：								
アンチバイアスエリア								

表6-4 コミュニティリソースチャート

どこで手に入りますか（場所・施設名など）：		
コミュニティリソース	材料・資料・教材・人材	コメント

● 引用・参考文献

Banks, J. A., & Banks, C. A. 1997 *Multicultural education: Issues and perspectives.* 3rd ed. Boston: Allyn & Bacon. 平沢安政（訳）1999 入門多文化教育－新しい時代の学校づくり－ 明石書店
Hall, N. S. 1999 *Creative resources for the anti-bias classroom.* New York: Delmar.
Hopson. E. 1990 *Valuing Diversity: Implementing a cross cultural, anti-bias approach in early childhood programmes.* Sydney: Lady Gowrie Child Centre.
石隈利紀 1999 学校心理学 誠信書房
Khoshkhesal, K. 1998 *Realising the potential: Cultural and linguistic diversity in Family Day Care.* Sydney: Lady Gowrie Child Centre.
松川禮子 1997 小学校に英語がやってきた アプリコット
文部省（現文部科学省） 1999 幼稚園教育要領解説 フレーベル館
中村 健 2007 不登校児童生徒への支援ネットワークの構築に関する実践的研究－大阪府A市スクーリング・サポート・ネットワーク整備事業の取組から－ 常磐会学園大学研究紀要, **7**, 57-71.
岡本夏木 1985 ことばと発達 岩波書店
佐藤郡衛 2001 国際理解教育－多文化共生社会の学校づくり－ 明石書店
滋賀県国際協会 2007 国際教育－地球市民を地域とともに育てよう part 5 報告書

実践編

実践編

7章 マイ保育園（子育て支援プラン）
―石川県の実践事例―

　介護保険制度において，高齢者を対象としてケアマネージャーが高齢者本人やその家族とよく相談しながら適切な介護サービスを選択するケアプランを作成するのと同様に，3歳未満の子どもを育てる家庭を対象として，子育て支援コーディネーターがそれぞれの家庭に最もふさわしい保育サービスの利用計画を立案する育児版ケアプランともいえる「子育て支援プラン」作成のモデル事業が，2006（平成18）年10月より全国に先駆けて石川県でスタートした。石川県では，現在約1万人と推測される0～3歳の乳幼児のいる在宅育児家庭を対象として，子育ての孤立化を防ぐために，一時保育，育児相談等のメニューを組み合わせながら親子をサポートしていくことをねらいとしている。

　また，この事業では，子育て支援コーディネーターの他に保育ママと呼ばれる育児ボランティア等のマンパワーを取り入れながら，保育所と地域が一体となって子育て機能の強化をめざす仕組みも設けており，2つの側面から在宅育児の家庭を援助している。

　本章では，新しくスタートしたマイ保育園事業について紹介する。

1節　石川県の子育て環境の歴史

　石川県は，古くから繊維業や温泉街が栄え，そこには多くの女性が就業して石川の産業を支えてきた。女性の力無くしては，社会は成り立ってこなかったと言っても過言ではない。2000（平成12）年度の国勢調査では，女性の就業率が全国平均で46.2％を占める中，石川県はそれを上回る51.3％で，全国第6位の女性

就業率を保っている。このように働く女性が多い石川県では，保育所の「延長保育」を国の1981（昭和56）年度よりも早い1970（昭和45）年度から，「乳児保育」を国の1989（平成元）年度よりも早い1973（昭和48）年度から，「休日保育」を国の1999（平成11）年度よりも早い1990（平成2）年度から，それぞれ県の単独事業で導入する等，早い時期から多様な保育サービスの充実にこれまで取り組んできた。

　石川県の子育て環境の充実ぶりを示す指標の1つに，保育所普及率がある。保育所に入所を希望しても定員を超えてしまうために入所できない待機児童は，東京，大阪等の大都市圏では，いっこうに減少の兆しが見られず多くの問題を抱えている中で石川県は待機児童がゼロであり，原則として希望者全員が保育所に入所できることになっている。2006（平成18）年度の保育所入所児童数は，35万5千人（全体の55％）で，過半数以上の児童が保育所を利用している現状である。また，国勢調査と厚生労働省の保育所定員等から石川県が独自に作成した資料では，保育所の定員を就学前の児童数で割った保育所普及率を見ると，石川県は57.2％の全国トップで，保育所の普及がいかに進んでいるかを示している。

　また現在，石川県内には，保育所や公共施設等で開設されている地域子育て支援センターが66か所あり，専属の保育士や看護師が育児相談や子育てサークルの育成等を行なっている。その他，19市町村のうち5市町村，10か所の駅前商店街，保健所，幼稚園等では，親子の交流や子育てサークルの育成等を目的としたつどいの広場が開設され，また，6市町村では子どもの一時預かりや会員相互の援助活動を目的としたファミリー・サポートセンターが開設されている。病児・病後児の預かりが可能な保育所は8市町村に14か所，医療機関での実施施設は3市に7か所ある。

2節　マイ保育園誕生について

　石川県では，保育所が充実していることに着目して，2005（平成17）年3月に策定した「石川エンゼルプラン2005」の中で「マイ保育園登録制度」を全国で初めて創設し，同年10月より県内7市町でスタートさせた（図7-1）。2年目の2006（平成18）年度は，16市町にまで広がり，登録者数は2005年度の

実践編

600人弱が，2006度10月末時点では1,800人を超えている。石川県では，2009年度までには，県内19すべての市町でマイ保育園登録制度が実施されることをめざしている。

以下は，2007（平成19）年5月に石川県子ども政策課および子育て支援課において，「マイ保育園」創設の経緯についてインタビューを行なった内容である。

マイ保育園登録制度
〜保育所等を子育て支援の拠点に〜

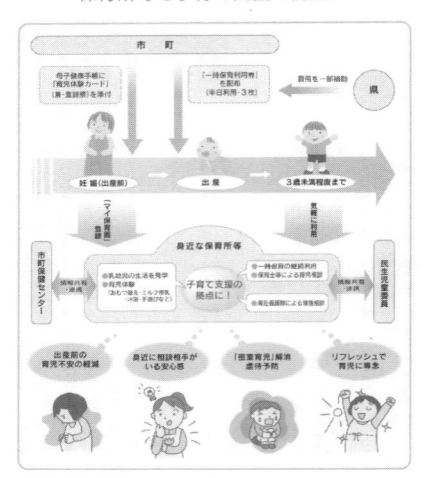

図7-1　マイ保育園登録制度のイメージ図

Q．マイ保育園のモデルはケアプランを参考にしたと記載にあるが，モデルになっているものは何か？
A．柏女霊峰の唱えた基本保育[★1]の理念をベースにして，ケアプランはあくまでも手法として取り入れている。ここでいう基本保育の理念とは，子どもの発達にプラスとなる一定の保育を行なうことの重要性や子どもと大人との関係性について唱ったものである。その他に育児保健等に関する理念も参考にしている。

Q．マイ保育園は，どの場所でどのようなメンバーによって作成されたか？
A．石川県庁内における石川県子育て支援課を中心として作成された。

Q．作成時，保護者（利用者）に向けて何を配慮したか？
A．子どもの発達，育児環境の格差があるため個別にみていく（個別面談）という点に着目した。個々の子育て経験に応じた体系づくりをしっかり行なったうえで，子育てに向かう力をサポートしていきたい。現在，石川県内には，0〜3歳の乳幼児が約3万人いる。そのうち2万人が保育所等の在宅外育児の場所を利用しているため，残りの約1万人が在宅で保育していることになる。在宅で子育てをする家庭を県と

用語解説

★1　基本保育
0歳児からすべての子どもに一定時間人との関わり（大人と子ども）を保障する仕組みを基本保育制度というが，ここでの基本保育とは，非共稼ぎ家庭や育児休業中の親子に対し健全な育成のために多用な人々との関わりを保障することを指す。

してもしっかりサポートしていくことが欠かせない。地域子育て支援センターやつどいの広場等，子育てを援助する既存の施設が充実しているが，歩いて行ける範囲にある保育所をまず身近な子育て支援の拠点としていこうということでこの制度は始まった。子育てに対する支援を求めてさまざまな施設を転々とするよりも，1つの保育所に登録して保育士としっかり信頼関係を築いてもらうことが，より安心感の高い支援をするうえで重要だと考えた。

Q．マイ保育園では，保育士の他にどのような職員や機関が関わっているか？

A．保育ママと呼ばれる育児ボランティア等のマンパワーを取り入れていることも特徴である。また，かつて保育所に勤めていて退職した人等，保育士有資格者で，保育の知識と子育てのプロとして経験のある人たちを募り，4日間の研修（おもにカウンセリングに関する知識）後，マイ保育園のコーディネーターとして登録してもらっている。保育所では，主任保育士を中心として行なっているため，コーディネーターはサポーターとして参加している。多くは，無償である。

Q．マイ保育園の活動において，実際にどのような様式を活用しているのか？

A．計画書はそれぞれの家庭において作成される。その様式（フォーマット）は各実施保育園に備えてある（図7-2）。登録用紙も使用されている。

Q．この事業（マイ保育園）が，開始されて半年が過ぎようとしているが，現時点で問題は起こっているか？

A．アンケート調査によると，効果は保護者（利用者）の8割が満足度を示している。マイ保育園は，初めて出産を経験する女性や夫の転勤等で近くに実家がなく地域で孤立しやすい家庭等から好評だと聞いている。これまで行政の支援が届きにくかった，在宅で子育てをする家庭に手を差し伸べることが目的で始まったが，登録者数を見ても浸透してきているのではないだろうか。県内でこの事業を希望する保護者に対しては，全員がサービスを受けることができている。しかし現時点ではモデル園（保育園）においてのみのパイロット的な事業であり，今後はその数を増やしていきたい。全国展開されることも予想される。

Q．マイ保育園の拠点である保育園の保育士たちに求められるものは何か？

A．一時保育，育児相談，つどいの広場の利用等保育サービスのメニューはすでにあるものがほとんどで，サービス自体は目新しくはない。しかし，これ

実践編

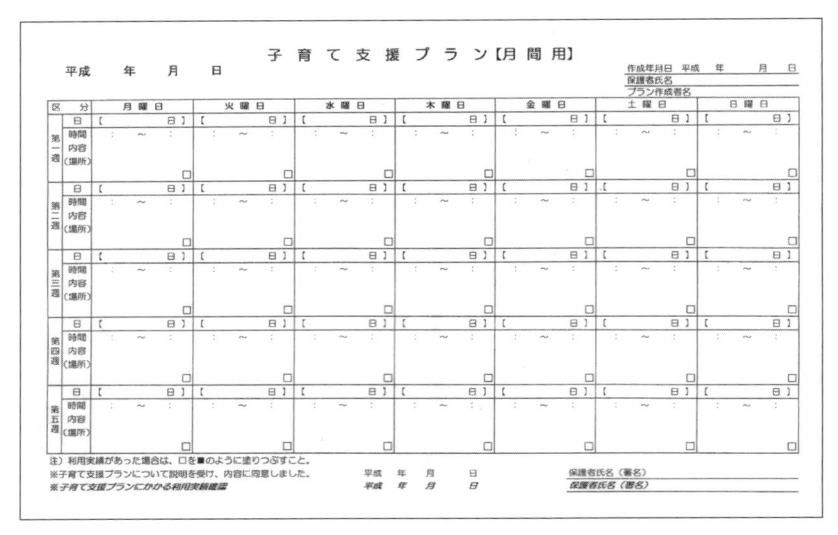

図 7-2 子育て支援作成プラン用紙

らのサービスを効果的に連携する仕組みがこれまでは十分でなかったため，育児の専門家である保育士が，子育てコーディネーターとして手助けしながら利用者のニーズに合うサービスを結びつけるところに大きな特徴があり，そのための技術が必要となってくる。また，今後は保育所が民生委員，児童センター，保健センター等地域のネットワークにより深くつながっていけるようにしたい。地域で子育てのためにどのような事業が展開されているのか，その情報を保護者や利用者に対して発信していくことも，保育士の責務であると考える。今後，保育士に求められる資質の1つとして，現行の保育制度をよく理解しておくという課題もあげられる。

3節 マイ保育園事業の特徴

　子育て支援事業であるマイ保育園は，地域における保育園を拠点として展開されているが，どのような特徴があるのか。創設当時よりマイ保育園事業を行なっている石川県小松市のY保育園での取材，園長のインタビューを基にその特徴を

あげてみる。

1．一人ももれずに—登録制によりすべての子育て家庭を支援—

　この事業は，生まれてくるすべての子どもを把握し，子育ての支援を行なっていくのが目的である。まず，母子健康手帳交付の際に，母親に「マイ保育園登録申請書」を配布し，希望の保育園を選んでもらう。すると，出産前よりその保育園で育児相談，オムツ交換，沐浴，授乳等の育児体験を受けることができる。出産後は，「かかりつけの保育園」としていつでも育児相談を受けることができ，育児教室や親子の交流の場に参加することにより育児の不安感を軽減し，育児に対しての自信を育んでいくことができる。また，出生届け提出の際には，一時保育利用券が交付され，3歳未満児まで半日の一時保育を3回無料で受けることもできる。このかかりつけの保育園をもつことで，今まで敷居の高かった保育園に気軽に足を運ぶことができる。さらに申請をしない人や申請をしても一度も保育園に来ない人に対しては，コンピュータで容易にリストアップできるため，民生児童委員，主任児童委員とともに，マイ保育園の担当保育士（子育て支援コーディネーター）が分担して家庭訪問を行ない，育児不安に陥っている母親がいれば，その相談を受けることで児童虐待を未然に防ぐことも可能になっている。

2．子どもの発達に応じた発育支援

　今までの子育て支援の内容は，親の育児不安解消やリフレッシュに主眼がおかれていたが，このマイ保育園のプラン作成においては児童の健全な発達や発育を促すことが目的として加わっている。これは，「乳幼児は，人と人とのかかわりのなかでこそ健やかに育つことができる」（柏女霊峰による）という基本保育の理念に基づくものである。子育て支援プランに基づいた計画的で継続的なサービスを利用することにより，保育士や他の親等の大人からのはたらきかけ，また同年齢，異年齢の子どもとの遊びや交わり等を通して，子どもの人間関係づくりの能力や言葉の発達・発育を促していこうとするものである。

3．子育て支援の中心は保育所にある

　子育て支援をなぜ保育所で行なうかというと，保育所では家庭にはない多様な人々とふれあう機会がもてるためである。またそこには，経験を積んだ子育てコ

ーディネーターである保育士がおり，母親のニーズをきちんと把握してプランを立てている。Y保育園でも当初，在園している保育園児の増加に伴い，近くの公民館で子育て支援事業を行なっていたが，利用者である母親たちから「保育園の中を見てみたい」「日常の子育ての様子や子どもへの関わり方や話し方等，プロである保育士さんたちがどのようにしているのかを学んでみたい」という声が聞こえてきた。「石川県内においても，多くの集いの広場等が開設されているが，やはり子育て支援の中心は保育所であり，保育園の中で行なうことを保護者は望んでいることを確信した」とY保育園の園長は語った。

4．地域のボランティアの力を活用―保育ママ―

2006（平成18）年10月に子育て支援プランを作成するモデル事業とともに，「保育ママ」等地域ボランティアを活用する仕組みも創設された。マイ保育園の子育て機能を充実させるため地域の力を積極的に活用し，新たなニーズに合った保育サービスをつくり出してもらうことが期待される。

保育ママは，通常市町全域をエリアとするファミリー・サポートセンターに登録し，子どもの一時預かりを希望している人を紹介され，有償で預かり保育を行なうボランティアである。石川県では，5市町においてファミリー・サポートセンターが運営されているが，こうした子育て支援サービスを全県に普及するため，マイ保育園において顔の見える範囲をエリアとする地方版ファミリー・サポートセンターを運営するモデル事業も合わせて実施することにしている。保育ママの登録で期待される新たな子育て支援サービスの一例としては，外出時の子どもの案内や安全誘導，保育園での絵本や紙芝居の読み聞かせ，マタニティ・ヨガ等の妊婦への健康指導，食育，健康づくりのアドバイス等多岐にわたっている。今後，マイ保育園が自主的に企画立案する子育て支援事業の展開にとって，保育ママは大きな力となるだろう。

4節　マイ保育園の実践紹介：Y保育園での取り組み

石川県小松市にあるY保育園では，1999（平成11）年より地域子育て支援センターを開設し，在宅育児家庭に対する子育て支援を精力的に行なってきた。つ

どいの広場は「たけのこ広場」と呼ばれており，1～3歳までの未就園児の親子のために毎週3回開設されている。参加者の親子は，週1回希望日を決めて集まっている。ここでは，ふれあい遊び，製作等さまざまな保育活動が展開されている。この広場事業は，開設から10年継続しているが，地域の未就園児の親子に好評である。Y保育園では，2004（平成16）年に子育て支援事業のための部屋を完備した。2005（平成17）年10月からはマイ保育園事業を取り入れ，モデル園の1つとして実践している。登録者数は，2006（平成18）年度は60人で，月1回のマイ保育園広場の活動が主流であったが，参加者の要望に応えて2007（平成19）年9月からは毎週1回マイ保育園広場を開設している。現在，保育園内すべての子育て支援事業には，専任の子育てコーディネーターが対応している点も他の保育園にはみられない特徴である。2007年度からは，新生児のいる全家庭への訪問指導が制度化され，全国の市町村において，保健師，看護師らが訪問指導を実施してい

図 7-3　マイ保育園広場開設

表 7-1　マイ保育園広場での活動内容

日時	6月26日（火）午前10時～11時30分
10：00	マイ保育園広場に親子で集合する。
10：20	個々に懇談：集まった親子に担当保育士（子育てコーディネーター）が言葉をかけ，乳児の様子を聞く。目覚めている乳児はおもちゃで遊ぶ。
10：30	小松市すこやかセンターの栄養士，森田さんから離乳食についての講義を受ける。離乳食に関する冊子のコピーと食中毒に関する注意のプリントが配布される。
11：00	休憩：乳児はミルク（授乳），母親は飲みもので喉をうるおす。
11：10	体重，身長測定を行なう。乳児の発育曲線のプリントも配布して，発育の推移を母親と確かめる。
11：15	保育コーディネーターの指導の下でベビーマッサージを行なう。音楽をかけて行なう。(2回)
11：20	紙芝居，絵本の紹介：乳児は母親と一緒に，紙芝居「のんたんのはみがき」を見る。
11：25	本日の出席者の紹介：何か月になったかなど，みなに紹介する。次回の予告をする。
11：30	各自解散する。

るが，Y保育園では登録はしているもののマイ保育園広場に足が向かない家庭に対して子育てコーディネーターが訪問し，育児相談にのる等，地域に密着した子育て支援をいち早く実践している点も見逃せない。Y保育園で実施されているマイ保育園広場の様子を図7-3，表7-1に一部紹介する。

1．子育て支援コーディネーターの活躍

石川県では，2006（平成18）年10月から子育て支援拠点としてのマイ保育園の機能を一段と充実強化するために，新たにマイ保育園に「子育て支援コーディネーター」を配置した。10月の事業開始に先立って，9月にコーディネーターを養成する研修が中核都市金沢市で開かれたが，モデル園20か所から選ばれた総勢40名の子育て支援コーディネーターは，いずれも主任クラスのベテラン保育士で，プランを作成する手法やカウンセリングについて学んだ。子育て支援コーディネーターには，専門家としての豊かな子育て経験を有すること，利用者（母親）に対するコミュニケーション能力を身につけていることや各種子育て支援サービスの知識をもっていること等高い技能が求められている。

Y保育園専属の子育て支援コーディネーターも保育園で開かれるすべての子育て支援活動の中心に立って，利用者の母親たちにさまざまな援助を行なっている。マイ保育園広場では，ベビーマッサージや親子のふれあい遊びを紹介，実践する中で乳児期の母子がふれあうことの大切さを知らせている。また，乳児向け絵本の紹介や実践では，絵本の入手方法について知らせる等，細やかな部分にまで援助の目が向けられている。

2007（平成19）年7月，Y保育園のマイ保育園広場を訪問した際に子育て支援コーディネーターにインタビューする機会を得て，今の母親たちの現状について聞いてみると，最大の課題は，乳児の発達段階を理解できていないという点であるということであった。たとえば，乳児の首がすわるのは何か月頃か，また寝返り，ハイハ

図7-4　子育てコーディネーター（中央）からアドバイスを受ける

イをして歩くようになるその過程もわかっていない母親が多いそうである。そのような中で，たとえば寝返りをうつ時期には，タオルを胸に入れてあげるとスムーズに身体を返せるようになるというアドバイス等は非常に喜ばれるとのことである。また，乳児がなぜ夜泣きをするのかわからない母親も増えているそうだ。今後は，それぞれの乳児の発達に即した援助のポイントを母親たちに指導していくことが最も重要になってくるであろう。

2．乳児どうしのふれあいの場─発達の刺激─

　マイ保育園広場の参加者の母親には，すでに出産，子育てを経験しているベテランお母さんもいれば，すべてが初めてで不安を抱えた新米お母さんもいる。母親どうしの交流の中で，歩行の遅れ等わが子の身体的な発育の不安を経験豊富な先輩から聞くことで，安心して帰る参加者も多いようである。また，この広場では，母親どうしの交流のみならず，乳児自身も同年齢の仲間とふれあうことができ，発達を刺激しあえるという特徴がある。少子化が進む中，家庭において異年齢児と関わる経験が少ない乳幼児にとって，マイ保育園広場で同年代の乳幼児，保育士，母親等多くの人々の存在を知り，互いにふれあうことは社会性を育むための第一歩となり，乳幼児の発育促進にも大きな効果が期待される（図7-5）。

3．子育ての知識を習得するための専門家の指導─食は身体づくりの基本─

　2007年6月のマイ保育園広場には，小松市すこやかセンターから栄養士が来園して，離乳食についての講義を約1時間かけて行なった。「離乳食開始の時期は，個々の乳児の成長をみてスタートすること。目安としては，5，6か月と幅をもたせてよい」とのアドバイスを行なっていた。最初は，おも湯から始めるのがよい。栄養価の高いものを初期に与えると乳児の内臓の発達に負担をもたらし，アレルギーの原因ともなるため，お粥を基本に与えることを母親たちに勧めていた。7か月の男児の母親からは「バナナばかり好んで食べるので困る」，6か月の女児の母親からは「砂糖やしょうゆ等の調味料の味付けの仕方を教えてほしい」等，活発に質疑応答がくり返された。

　翌7月のマイ保育園広場では，離乳食の講義に引き続き，Y保育園内の栄養士が実際に初期の離乳食を作り，参加者の母親たちの試食会が開かれた（図7-6）。中には，乳児に食べさせながら反応をうかがったり，作り方を熱心にメモする姿

実践編

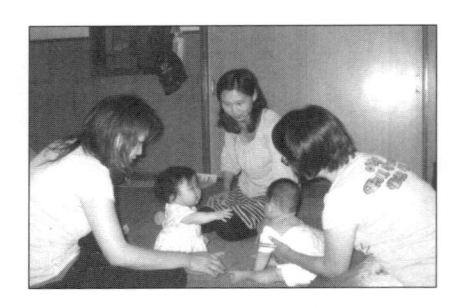

図 7-5　子育て広場での乳児どうしのふれあいの場面

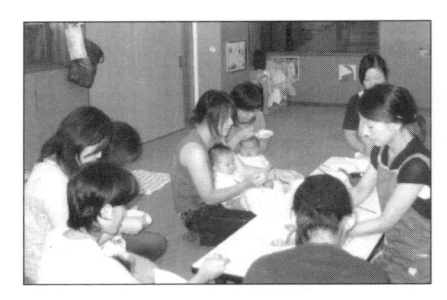

図 7-6　離乳食の試食会を定期的に実施

等もみられた。このあと離乳食の講座は，後期離乳食（離乳食完了期）に進めながら2回目の試食会も計画している。

4．個々のニーズに合わせた子育て支援プラン

マイ保育園事業には，それぞれの家庭の個々の保育ニーズに合わせて各種保育サービスを組み合わせた「子育て支援プラン」を作成し，提供している。現在，子育て支援プランの概要は長期用と短期用から成り立っており，プランの作成は子育て支援コーディネーターが担っている。

Y保育園では，特に個別の相談事業に力を入れているが，そこで大切なことは保護者との信頼関係である。信頼関係を築いたうえでアドバイスを行なっていくことを念頭に実践されていた。また，毎月のマイ保育園広場では，希望者に対して，乳児の体重・身長測定を行なっていた。計測を行なうことで，乳児期の発育基準として用いられているパーセンタイル曲線と比較しながら，わが子の正常な発育を保育士と確認することができる。参加者にとっても，育児書のみを参考にするのではなく，子育てに関する正確な情報を習得できるよい機会となっている。

5．マイ保育園事業への期待

マイ保育園事業では，いくつかの問題点も浮上している。中には保育園に積極的に足を運べない人もいる。家にこもって悩んでいる母親をどのように救済したらよいのかという問題に関しては，行政サイドが地域に在住している妊婦，新生児を抱えている世帯等の把握をきちんとしたうえで対応し，情報の提供を保育園

7章　マイ保育園（子育て支援プラン）―石川県の実践事例―

側にも行なっていくべきである。この事業は，虐待をいかに未然に防いでいくかという大きな目的のうえに成り立っていることをけっして忘れてはならない。

　家庭，地域，保育所という子育てに関わる三者がうまく機能するようにという願いを込めて，石川県が先駆的に始めたこの育児版ケアプラン「マイ保育園」が，児童虐待や産後うつ等の社会問題の減少に一躍かうことを期待したい。

● 引用・参考文献

厚生労働省　2006　豊かな地域づくり－地域からの発想・石川県－　中央法規出版
長戸英明　2007　特集　保育所は「育ちの基地」　保育の友　2月号　全国社会福祉協議会

実践編

8章 幼稚園における発達障害の子どもとその保護者への支援事例

　本章では，石川県の私立幼稚園における自閉性障害および学習障害の疑いのある子どもとその保護者への取り組みと支援にあたっての観点について紹介する。

　この幼稚園はキリスト教精神のもと，十数年にわたり統合保育を実施している[★1]。各学年1クラス45名の子どもに対して保育者4名の複数担任制をとり，必要に応じてグループ指導を行なうチーム保育を実施している。また，学年の枠を超えて園児を指導，援助できるように保育形態や保育内容を工夫している。

> 用語解説
>
> ★1　統合保育
> 障害のある子どもと障害のない子どもを区別せず，同じ場で一緒に保育を行なうこと。遊びや生活をともにすることにより，障害のある子どもにおいては社会性が促されることを，一方，障害のない子どもにおいては多様性を認め合う気持ちが育まれることをめざす。

1節　自閉性障害の子どもの幼稚園への受け入れと園内支援体制の工夫

　K男は，2語文の理解・表出の言語発達段階にあり，発達年齢が2歳に相当する自閉性障害（軽度の知的障害あり）と診断された3歳の男児である。

　K男の通う通園施設[★2]の廃園が決まり，母親はK男を担当していた指導員から，同世代の子どもたちと生活するほうがK男の成長の刺激になるため，幼稚園に入園させてはどうかと提案された。そこで母親はK男が入園できる幼稚園を探しはじめ，当園を訪れた。

　「K男を幼稚園に通わせたい」という母親の必死な思いに心を動かされ，当園はK男を受け入れることを承諾した。しかしながら，今まで通園施設において個別の支援を受けてきたK男にとって，はたして幼稚園での集団保育が教育的

効果につながるのかといった懸念があり、幼稚園側も不安を抱えながらの受け入れであった。

本節では、K男の受け入れに際しての園での対応、そして、K男が他者との関係を深めていけるように行なった取り組みについて紹介する。

> 用語解説
>
> ★2　通園施設
> 厚生労働省が管轄する障害のある乳幼児に対して医療、福祉、教育的な支援を行なう療育機関。通園施設には、①知的障害児通園施設、②肢体不自由児通園施設、③難聴幼児通園施設がある。通園施設では、保護者への療育相談や障害のある子どもの発達診断等も行なっている。

1．幼稚園への受け入れにあたっての園での対応

(1) 実態に関する情報の収集

障害のある子どもといっても、障害の特性や関わり方、配慮すべきことがらは一人ひとり異なる。K男のニーズに応じた保育を展開していくために、まずは母親からK男の療育センターや家庭での様子、また母親の希望について聞き取りを行なった。また、当園でのK男の受け入れが確定したあと、担任がK男の通っていた通園施設や療育センターを訪問し、K男の様子や実施されている支援方法等について情報を収集するように努めた。

事前の情報収集は、今まで実施されていた支援方法の引き継ぎ、また、入園後の園での支援や保育の方向性の検討のための重要な手続きである。

(2) 療育機関と幼稚園の指導方針や受け入れ形態の違いについての説明

当園では、K男が他の園児たちが遊んでいる中で好きな場所を見つけ、友だちとの世界を広げることができるように援助していくといった保育方針でK男に関わっていくことを母親に伝えた。また、幼稚園では、通園施設で実施しているような課題をこなす生活ではないといった、幼稚園と療育機関の活動の違いについても説明を行なった。さらに、K男を支援していくにあたり園で対応できることの限界についても話をし、母親からの理解を求めた。

あらかじめ園の保育方針や受け入れ体制の限界等について保護者に説明を行ない同意を得ることは、入園後に園と保護者との間で子どもの保育方法や対応等について不満や誤解を生じさせて両者の関係をこじらせないために重要である。

実践編

2．保護者との連携を深める

(1) 保護者との情報共有のための連絡ノートの活用

　特別な配慮を必要とする子どもの育ちを支援していくにあたっては，保育者と保護者が手を携え取り組むことは必要不可欠である。当園では，全保護者を対象に連絡ノートを配布しているが，特別な配慮を必要とする子どもの保護者にはさらにもう1冊連絡ノートを準備している。この連絡ノートを通じて，当園では特別な配慮を必要とする子どもの保護者と密に連絡を取り合うことを約束している。

　K男の母親の場合，母親が療育機関で助言されたことやK男に対して抱いている思いをこの連絡ノートに記述していた。

　連絡ノートを媒介にして母親が園に向けて自分自身の思いを開示することは，子どもに対する理解を深めるだけではなく，保護者と幼稚園がお互いに心を開き合うことにもつながり，母親と幼稚園間の相互理解や信頼関係を築く一助になる。また，保護者と特別な配慮を必要とする子どもに関する情報を共有することは，幼稚園や家庭での子どもの生活を充実させていく手立てを得るうえで重要である。

(2) 保護者を交えた園内研修の実施

　当園では，近隣の大学が主催しているインリアル・アプローチ[★3]の研究会に所属し，インリアル・アプローチの手法を用いて特別な配慮を必要とする子どもへの理解を深めている。具体的には，幼稚園での子どもの様子を録画したビデオとトランスクリプト[★4]を基に，専門家から助言を受け，子どもへの関わり方や彼らの行動について分析，解釈を行なっている。この取り組みは，園での保育者間の共通理解を図るとともに，特別な配慮を必要とする子どもを保育するにあたって必要な専門性を向上させる点でも意義がある。

　K男の場合，母親がK男について学ぶ姿勢が高かったため毎回この会に参加し，保育者と一緒にインリアル分

──用語解説──

★3　インリアル・アプローチ
インリアル（inter reactive learning and communication）は，1974年に米国のコロラド大学のWeiss（ワイズ）博士によって開発された，言葉の遅れや獲得に問題をもつ子どもをとらえ直すためのコミュニケーション・アプローチである。インリアルでは，SOUL（S: Silence：静かに，O: Observation：よく観察する，U: Understanding：子どもを理解する，L: Learning：子どもの言葉に耳を傾ける）を関わり手（大人）の基本とする。子どもと大人の自由遊びや会話の場面をビデオ録画し，子どものコミュニケーション能力や問題点，大人の関わり方等についてビデオ分析を行なう。

★4　トランスクリプト
ビデオ分析を行なう際に用いる子どもと大人の行動や言葉を逐次書き出したものである。

析を行なっていた。しかし，すべての保護者が園内研修に参加することは，けっして容易なことではない。しかし，保護者とともに子どもの実態や支援のあり方等について情報を共有することは，一貫した対応を行なうために必要である。保護者とのより良い連携をめざし，いかに保護者に園内研修に積極的に参加してもらうかが課題である。

3．障害特性を活かした取り組み

(1) こだわりの対象の活用

自閉症スペクトラム（p.46参照）の特性の1つであるこだわりが強いK男は，自動車のタイヤをとても気に入っていた。そのため，K男は園庭にあるタイヤに非常に関心を示し，雨の日でもタイヤのある園庭に出ていた。そこで，K男が園内でも安心して遊ぶことができるようにタイヤを園内に取り入れた。

また，K男は，自分の苦手な場所や初めての場所にタイヤを携えて行動していた。つまり，タイヤはK男の気持ちを安定させる大切な役目を果たしていた。タイヤがあることでK男は新しい場所で安定し，また，母親から離れて過ごすことが可能となった。タイヤはK男と母親の母子分離を促すきっかけにもなった。

一方，K男が初めて経験した運動会は，地域の運動公園で実施する予定になっていた。そこで，K男が安心して運動会に臨めるようにタイヤを持参して園児全員で運動公園に遊びに行き，事前にできるだけK男の緊張感や不安を取り除くように心がけた。その甲斐もあり，運動会当日は，K男はタイヤを持って入場行進やダンス等に参加することができた。さらに，親子競技では園児が大小さまざまなタイヤの中から好きなものを選んで座り，親がそのタイヤを引っ張りゴールまで走るという活動を企画した。その結果，K男も無理なく競技に参加することができた。

こだわりの対象であるタイヤをK男から一方的に引き離すのではなく，K男の活動を促す補助手段として活用したことは，結果的にK男の行動の幅を広げた。

(2) わかりやすい情報の視覚化の設定

K男は，先の見通しがつかない時には不安になりパニックになることがあった。園ではK男が直面している困難に配慮し，自閉症スペクトラムの特性である視覚優位[5]に着目し，行事内容や新しい活動を絵で示したものをカレンダーに貼り，K男が見通しをもって行動できるように工夫した。また，拡大した予定表を保育

室に掲示した。その結果，予定表を見ながら，「お山に行く」「うんどうかい」等と口にするK男の姿が見られるようになった。また，他の園児が予定表を見ながら園児どうしで話し合う姿も見られるようになった。この経験を踏まえて，園では親向けの行事予定表とは

> 用語解説
> ★5 視覚優位
> 自閉症スペクトラム障害の特徴の1つであり，視覚による情報処理が得意であること。自閉症スペクトラム障害の子どもは，聴覚的な情報（言葉による指示）よりも絵カードや写真，ジェスチャー等の視覚的な手がかりを用いた情報のほうが理解しやすい。

別に，絵で示した予定表をすべての園児に配布することにした。

　当初，視覚的な手がかりは，K男の困難を軽減することを目的としていた。しかし，視覚的な手がかりは，K男に限らず他の園児にとっても理解しやすい方法として機能していることがわかった。

　また，K男は木馬をとても気に入り，自由遊びの時間以外はほとんど木馬に乗って過ごしていた。特に，K男にとって苦手な活動の時間（たとえば，絵本読み）は，その場を離れて木馬に乗って飛び跳ねていた。しかし，他児にするとその音はうるさく，集中して絵本を読むことができないため困っていた。この問題に対応するために，部屋の隅にパーキングのマークで駐車場を作った。すると，K男は（駐車場の役割を理解していたようで），自分から木馬をパーキングの中に片づけるようになった。

　視覚的な支援を取り入れたことによりK男は活動の見通しがつきやすくなり，さまざまな活動に参加することが可能になった。そして，自分から他の園児の輪の中に入っていくようになり，他の園児と一緒に活動しようとする姿が多く見られるようになった。また，木馬を片づけるために日常的になじみのある駐車場を設けるといった工夫は，K男が何をすべきかの理解を促すための手立てとなった。K男の特性と強みを活かしてちょっとした工夫をしたことにより，K男の活動の範囲は広がり，また，K男が自分の行動を調整することにつながった。

4．保育者や他児との関係を育む

(1) 特定の保育者とじっくり過ごす

　入園当初，K男は保育者に関心を示したが，自分の要求を伝えることはなかった。しかし，チーム保育による複数担任制であり，その日一緒に過ごしたい保育者を決めていく中で，K男は徐々に波長の合うN保育者と一緒に過ごすことを望

むようになった。

　K男は登園すると，カバンを玄関に置いたままN保育者を探すようになった。また，自分の教室に向かう途中，K男は自分のカバンから手を離し，「持って」という顔でN保育者をうかがう行動をとるようになった。その際，N保育者は，K男のカバンについているお気に入りのアンパンマンのホルダーを指差し，「アンパンマンが泣いているよ」と声をかけ，K男が自分でカバンを拾うように促した。

　一方，教室では，N保育者は，「コッコさん待っているよ」とK男が使用しているシールのついたロッカーに行くように伝え，K男が自分からカバンをかけるように促した。また，タオルやコップの準備ではN保育者はK男に一つひとつ言葉かけをし，K男が自分でやろうとするように援助した。このような関わりの中でK男はN保育者と一緒に時間を共有することを好むようになり，N保育者もK男の思いに応え，一緒に過ごすように努めた。K男にとって，N保育者は自分を受けとめてくれる大切な存在となっていった。

　N保育者との関係を重ねていくうちに，K男は以前のようにその場その場で何かを意図することなく複数の保育者と関わることがなくなった。自分の思いを尊重してくれるN保育者との関わりを通して，K男は意図をもって他者と関わることに少しずつ自信をつけていった。

(2) 対「保育者」から対「友だち」との関わりへ

　園生活を送る中でK男は他児を意識しはじめ，彼らの行動を観察し模倣するようになった。また，他児からの言葉かけにも反応するようになり，戸外に出ても今までのようにタイヤを見に一人で違う場所に行くことがなくなった。そして，「おともだちといっしょ」という言葉がよく聞かれるようになり，他児とさまざまな活動を一緒にやりたいという気持ちが現われてきた。

　しかし，他児との関わりが増えた反面，K男は自分の思い通りにならないことも増え，イライラしたり不満を感じるようになった。そのたびにK男は自分を受けとめ，思いを代弁してくれるN保育者によって自分の気持ちを立て直していた。しかし，このようなK男の様子を見て，N保育者はそろそろK男が自分でトラブルや葛藤を乗り越え，気持ちをコントロールできるようになることが必要であると感じはじめた。そこで，N保育者は少しずつK男と距離をおき，他の保育者と連携しながらK男が他児との関わりを深められるように支援した。

(3) 友だちとの関わりを深める

　年長組になり語彙数が増えてきたＫ男は，自分から他児に話しかけるようになった。また，Ｅ子とＴ也といった特定のお気に入りの友だちができ，おやつや食事の時間になるとＫ男は自分から椅子を持って彼らの横に座るようになった。Ｅ子とＴ也はＫ男の話を丁寧に聞き，Ｋ男が間違えるとさりげなく手伝ってくれた。そのため，Ｋ男は，安心して彼らと関わることができたようであった。さらに，Ｋ男は自分のクラスの仲間だけではなく，徐々に他のクラスの子どもたちにも関心をもつようになった。また，この頃，Ｋ男は泣いている他児に近づいて顔をのぞき込み，頭をなでるような行動をとるようになった。

　自分の気持ちをうまく表現できず，他児とトラブルが生じることもあった。しかしながら，他者に対して興味や関心をもちはじめ，関心を示した相手に自分から関わりを求めるようになったＫ男には，自分の思いを友だちに伝える力が少しずつ育っていったように感じられた。

(4) 思いやりの気持ちを育む

　今までは保育者とペアになっていたＫ男であったが，友だちへの関心が高まるにつれ，「せんせい，いやなの，おともだちがいいの」と言い，保育者と組むことを嫌がるようになった。保育者としては他児とＫ男を組ませることで，ペアになった子どもが負担になるのではないかと懸念したが，様子をうかがいながら子どもたちに任せてみることにした。

　当園では，年長組の運動会で友だちと支えあうことを学んでほしいという願いから，例年リレーを実施している。Ｋ男と一緒のグループの子どもたちは，自分の走りには自信があっても，互いに助け合うといった仲間意識が薄かった。そのため，保育者は，Ｋ男と一緒に育ちあってほしいという願いからこのグループを編成した。

　リレーでは，走る前に作戦会議の時間を設けた。Ｋ男はみなと同じように完走することができなかった。すると，グループの子どもたちは，「Ｋちゃん，半分走るんでいい？」とＫ男に了解を得たり，「Ｋちゃん！　終わったら僕にバトンタッチ！　わかった？」とＫ男にわかりやすいようにルールを説明していた。また，走る順番を決める際には，３という数字にこだわるＫ男の思いを受けて，「Ｋちゃんがわかりやすいように，ずっと３番に決めとこう」とみんなでＫ男のためにルールをつくるようになった。

そして，K男と一緒のグループの子どもたちがK男を配慮して考案したルール（半周はグル，1週はグルリン，1周半はグルリンパーといったように走る距離に段階を設けたり，お助けマンとして伴走者が登場する等）が，他のグループで走ることの苦手な子どもにも用いられるようになった。

他者との関わりにくさをもつK男であったが，K男の気持ちを代弁して伝えてくれる保育者の存在，また，K男を少しずつ理解し手助けをしてくれる他児の存在は，K男に他者と関わることの楽しさやつながりを気づかせたのではないかと考えられる。

また，他児においては，K男の抱える困難や保育者のK男への配慮を目にする中で，自分たちがK男にどのように関わっていけばよいのかを学んでいったのではないだろうか。他児にとってK男との関わりは，仲間関係の築き方や思いやりの気持ちを育むうえで意義があったと考えられる。

2節　学習障害が疑われる子どもの小学校への移行に向けた支援
—母親の葛藤を受け入れながら—

A子は専門機関で確定診断を受けていないが，当園の指導や助言にあたっている障害のある子どもの専門家と当園の保育者の見立てでは，学習障害が疑われる5歳の女児である。また，生後2か月の保健婦訪問時に眼振[★6]を指摘され，その後もテレビを見る時は顔を少し左に向け斜めから見るしぐさをするため，1歳8か月頃に病院で検診を受けたところ同様の診断がなされた。以後，3か月おきに検査・経過観察を行なっている。

A子は人見知りせず，誰にでも気軽に話しかける人なつっこい性格であった。しかし，A子は，じっくり時間をかければ自分の所持品の整理や管理が可能であったものの，途中で自分のすべきことを忘れてしまうことがよくみられ，短期記憶能力に弱さが認められた。一見すると自分でできることが多いために，A子が抱えている困難はなかなか周囲に理解されなかった。特に母親は，A子が抱えている問題を受け入れることが難しく，いまだに専門家の診断を受けていない。

用語解説

★6　眼振
律動的な眼球の往復運動をさす。正常な場合は，人が周囲を見渡す時にみられる。一方，病的な眼振では，しばしば眼位保持の異常を伴う。

実 践 編

　本節では，まず，当園で実施しているインリアル分析によるA子の実態把握に基づき，幼児期の学習障害のある子どもの特徴について言及する。また，A子の障害受容に強い葛藤を抱いている母親を支えながら実施した，小学校への移行に向けた取り組みについて紹介する。

1．保育現場で認められる学習障害の特性と保育者の対応

(1) 短期記憶能力の弱さ

　A子は絵を描くことを好み，よく人の顔を描いていた。しかし，保育者が「誰のお顔描いたの？」と聞くと「うふっ！」と応じたり，あるいは保育者に「あなたの顔よ」と答えることが度々であった。また，絵を描いている際に保育者がA子に「赤色，貸して」と要求すると，A子は赤色を渡すものの保育者が「これ何色？」と尋ねると「うふ？」と笑って違う話を始めることがよくあった。

　このようなA子の様子に対して，保育者は当初，A子が園を休みがちであるために担任の名前を正確に覚えられないのではないかと考えていた。しかしながら，日常的に関わっている保育者やクラスの友だちの名前，そして，いつも好んで使用しているクレヨンの色を覚えていないA子の様子はとても不思議に映った。

　この問題に対応するために，保育者は，「この人誰？」「先生の名前は？」とA子の理解を試すはたらきかけを行なった。しかし，それは，A子が自発的にコミュニケーションしようとする意欲を低下させてしまうことになった。そこで，インリアル・アプローチによるA子の実態把握と，母親から聴取した情報に基づいて検討を行なった結果，次のような理由によってA子の行動が引き起こされているのではないかと考えられた。

- 家族や親戚の名前と顔を一致させていることから，A子は伝えたいことはあるが，他者との会話でその場にあった言葉がすぐに出てこないのではないか。そのため，A子は相手の言葉をまねしているのではないか。
- A子から期待する反応が返ってこないのは，他者の質問の意味がA子にきちんと理解されていないのではないか。

　上述した2点がA子の抱えている難しさであるととらえ，以下のような配慮を行なった。そして，A子がクラスの仲間や保育者と自信をもって関われることを

めざした。

①理解を試すようなはたらきかけや間違いの指摘，名前を教え込むことは避ける。
②A子の表情を見ながらA子の理解度を確認する。A子が理解していない場合は表現を変える。
③明らかに名称が間違っている，あるいは思い出せない場合は，保育者がさりげなく話の中で正しい名前に訂正する。
④A子の話の中に登場する名称（特に人物名）が実際と一致しているのかは，担任と保護者で確認する。

A子の短期記憶の弱さを補うために，上記の配慮の他に写真カード等の視覚的な補助を用いて人（物）の名前を対応させることも有効であると考えられた。

(2) 状況適応への困難性

園で雪合戦をした時，1回戦は男の子 対 女の子で対戦し2回戦は子ども 対 大人で行なった。2回戦目に移行する際，保育者はいったん活動を中断することなく「今度は男の子も女の子のところに行って」と指示し，対戦方法を変更した。とっさのことでA子はルールの変更が理解できなかったらしく，男の子が女の子の陣地に走って来たのを見ると「Hくんが（女の子の陣地に入って）来た」と憤慨した。

同様の出来事は，動物園に遠足に出かけた時にもみられた。帰りは行きとは異なり，戻ってきた順にペアを組みバスに乗り込んでいった。しかし，A子は，「T男くんが順番を抜かして嫌だ」と怒り出し，責められているT男はなぜ自分がA子に怒られるのか理解できず両者がにらみ合う状態となった。

これらのエピソードに示されるように，園生活ではまわりの雰囲気やその場の流れで自然にルールが変更されることが少なくない。しかし，その場の状況によって自分の行動を臨機応変に変えることが難しいA子にとっては，急な変更への対応は容易ではなかった。そのため，自分のやり方に固執せざるを得ず，他児とのトラブルに発展することがたびたびあった。

A子は，短期記憶能力に弱さがあるために突然の指示を記憶し，行動に移すことが難しかったと考えられる。また，遊びの場では他児の声が響くため，A子は

保育者の指示を正確に聞き取ることが困難であったと推測される。このような混乱を避けるために，保育者は事前に複数のパターンを想定し，ルールを説明した表を準備しておくことが必要であると考えた。

(3) 自尊感情の低下

　発達障害のある子どもたちは，周囲から障害を理解されにくいため，からかいの対象となりやすく，そのことで自尊心の低下を招くといった二次的な問題がもたらされることが指摘されている。A子にも同様の兆候が認められ，障害特性による一見すると理解しがたいA子のふるまいは，他児に否定的な印象をもたらした。そのことでA子は自分への自信を失ってしまった。

　「子どもは誰しも上手にものごとを成し遂げたいという思いがある」ということを，保育者は心に留めてA子に対応するように努めた。たとえば，A子が他者とうまくやりとりを行なえなかった場合は，保育者はもう一度やり直してよいことをA子に伝えた。また，A子がクラスの仲間に遊びのルールを説明する際，要点を絞らずに話すため説明が長くなり最後まで聞いてもらえないことがあった。この場合には，言葉による説明を求めるのではなく，A子に実演してもらうように促した。保育者は，わからないことをごまかし流していく関わり方ではなく，どうしたら自分の思いがわかりやすく他者に伝わるのかをA子自身が学べるように手助けした。

2．保護者の心情理解の重要性

　年中組が終了に近づいた3学期にA子の母親と担任，園長を交えて懇談を行ない，A子の子育てにおける母親の悩みについて尋ねた。

　母親は，同世代の子どもたちの中でA子の育ちを見ていると「どこか他の子と違う」「色の弁別はできるが名前は3つぐらいしか言えない」「他者の話を聞いておらず，（聞いていても）話を理解していない」等の不安を吐露した。そして，母親は，「A子がこのような状態にあるのは自分の育て方に問題があるのではないか」と述べた。その反面，特に深刻な問題に至っていないため「A子なりにゆっくり発達しているだけかもしれず，焦らず見守らなければいけないと思うが不安がぬぐえない」とA子に対する葛藤を述べた。

　一方，園側は，母親に対してA子の実態をきちんと理解せず適切な対応をしないでいるとA子に無理な努力を強要し，その結果できない部分が際立ち低く評価

されてしまうこと，そのことがA子のストレスとなり園での生活を困難にしてしまうことを母親に伝えた。

このような母親の気持ちを吐き出す機会を設けたことにより，園側は母親の不安が軽減されたと思い安心していた。しかし，数日後，園に母親から上述の話を覆す内容の手紙が送られてきた。その文面からは，A子に対して特別な配慮の必要性を実感しつつも，一時的に遅れているだけでそのうち他の子に追いつくと思う気持ちが交錯し，現実に向き合うことの辛さがひしひしと伝わった。

わが子の障害に対する気づきがあっても，それを受けとめることは容易なことではないことがA子の母親の事例からうかがえる。A子が自分らしく園生活を送れるように支援していくことは，当然必要である。同時に，A子の最も身近な支援者である母親が直面している悩みに真摯に向き合い，精神的に支えていくことも保育者は忘れてはならない。なお，母親が抱える問題に園内で対応することが困難な場合には，園だけで抱え込むのではなく専門機関からの支援を仰ぐことも大切である。

3．就学へ向けての関係機関との連携

発達障害のある子どもたちが混乱することなく，スムーズに小学校生活を送れるようにするには，園で実践してきた支援を継続していくことが重要である。A子の就学にあたってはA子の保護者，当園の保育者，発達障害者支援センター[★7]の相談員が就学先を訪問し，校長とA子の担任となる教諭と情報交換を行なう機会をもった。

当園では，就学先と円滑に情報交換を行なえるよう，これまでの園でのA子への取り組みについて記載した指導要録，A子の実態や就学に向けた願いを記載した保護者による育ちのカルテ，安心して学校生活を送れるように留意事項を記載した保育者および発達障害者支援センターの相談員による育ちのカルテを小学校に提出し，それらを媒介にして連携を図った。

このように発達障害のある子どもの関連機関と移行先が協力しあい，就学に向けて準備を行なったことは，第1子であるA子を初めて就学させる保護

用語解説

★7　発達障害者支援センター
発達障害者支援法（2005年）によって規定されている発達障害児・者およびその家族を支援する専門機関。都道府県から指定を受け，発達障害の早期発見や早期支援，地域における生活支援，就労支援，権利擁護等を行なう。

者の不安を軽減する支援としても有効であった。

3節 発達障害の子どもへの支援を通して学んだこと

1. 一人ひとりの子どもに応じた関わりと園全体による連携の重要性

　当園は，障害のある子どもを受け入れて18年目を迎える。しかし，その道のりには紆余曲折があった。当初，障害に関する十分な知識がないまま障害のある子どもを受け入れた。そのため，障害のある子どもが他児のそばで遊んでいれば「友だちと一緒に遊んでいる」とみなし，あるいは彼らが活動から逸脱した場合には無理に着席させ，他児と同じように活動させるにはどうすればいいのかと考えあぐねていた。とにかく，障害のある子どもたちの保育に着手した当初は，保育者は常に障害のある子どもたちを他児と同じようにさせなければいけないという思いが前提にあった。当時のこのような状況にあった保育者は，他動，言葉がない，こだわりがみられる等といった子どもを，特別な存在としてみなすこととなった。

　当園での障害のある子どもへの保育をふり返ると，障害のある子どもと他児を統合するという考えは早い時期からあった。しかし，一方で，障害のある子どもに対して特別な配慮を行なうことなく，ただ他児と「一緒にいるだけ」という状況に不安を感じていた。しかし，毎日くり返される園での子どもたちの生活を目の当たりにすることで，保育者は一人ひとりの子どもに応じた関わりが重要であることに気づかされた。そして，このような姿勢で保育に携わった結果，障害のある子どもを含めた一人ひとりの子どもの育ちをとらえる目が保育者に養われた。

　また，障害のある子どもを受け入れ，彼らとの関わりを通して，保育者はさまざまな側面において発想の転換を迫られてきた。当園における代表的な取り組みは，園内の間仕切りを取り払い，できる限りオープンスペースにしたことであった。これは物理的なオープン化だけではなく，子ども自らが安定する場を見いだし，それに対して保育者が必要な援助を迅速に行なえるソフト面でのオープン化をめざすことにつながった。具体的には，子どもの特性を踏まえて個別指導，小集団活動，クラスといった流れで保育を展開し，その延長としてグループ保育の導入へと至った。その結果，異年齢の子どもたちとの交流の場や障害のある子ど

もたちが落ち着ける居場所が園舎のあちこちにできた。また，13名の保育者がどの年齢の子どもにも対応するチーム保育を行なうことで，開かれた保育を実践していくことが可能となった。

近年，保育に携わる中で障害があるなしにかかわらず，他者との関わりを築くことが難しい子どもが年々増えてきている。これまでの長年の保育をふり返ると，今ある保育の形に無理に子どもを当てはめようとし，困難な状況を引き起こしてしまうことがあった。そのたびに，特定のフリーの保育者や加配の保育者をつけて問題を解決しようとした。しかし，大切なのは，保育者一人ひとりがお互いに連携をとり合うことの重要性を認識し対応することである。そのことが，発達障害のある子どもを含む子ども一人ひとりの園での生活を充実させることにつながると考えられる。

2．保護者への支援

近年，保育所や幼稚園では，保護者からの要望にどのように対応すればよいのかという悩みが非常に多くなっている。また，保護者に対する支援のあり方が従来と大きく変わってきている。現在は，以前のように「親ともめないために子どもが抱えている問題については黙っておく」ということが通用しなくなっている。これは，発達障害のある子どもにおいても同様である。

たとえば，以前，当園に在園していた子どもが小学校高学年になり暴れだし，父親が「幼稚園の時に（わが子にそのような兆候があることに）気づいていたのか？」と怒鳴り込んできたことがあった。この事例のように，保護者が自分の混乱や要望を文句という形で園に向けてくることが年々増加してきている。

確かに，発達の個人差の範囲なのか，障害によるものなのか明確な区別がしにくい幼児期に，保護者に率直に子どもの発達の遅れ（あるいはその兆候が認められること）を伝えることは難しい。しかし，保育者が気になっている子どもの問題を保護者に相談せず，必要な支援を行なわないことは，子どもの発達を保障する保育者の役割を問われるべきことである。したがって，発達障害のある子どもの支援にあたっては，本人の実態だけではなく保護者が抱える背景も考慮して丁寧に対応していくことが望まれる。

また，A子の事例のように，わが子の発達上の遅れに何らかの気づきをしながら，専門家の診断を受けることを躊躇する保護者が多い。事実，当園では，何

らかの特別な配慮が必要と思われるものの確定診断を受けていない子どもが数名存在する。園内での発達障害のある子どもへの支援や小学校への移行を円滑に進めるためにも，保護者にわが子の実態を理解してもらうことは必要である。発達障害のある子どものニーズに対応し，いかに保護者を支援していくかが現在の園での大きな課題である。

3．他機関とのネットワークの構築と保育者の専門性の向上

　一人ひとりの子どものニーズが多様化していることに伴い，子どもの特性やニーズに応じた支援のあり方も多種多様となっている。そのため，担当保育者や園内だけで子どもたちのニーズすべてに対応し，解決を図ることは困難になってきている。担当保育者がひとりで問題を抱え込んで悩み，園内だけで自己解決しようとして行き詰まってしまうことを避けるためにも，子どもの発達支援に関連する専門機関に積極的に相談し，連携しあえるネットワークを構築していくことが今後より一層求められる。

　ただし，関係機関と協働的に取り組むにあたっては関係機関にばかり依存するのではなく，保育者自身が絶えず専門性を高めていくように努めていくことが大切である。日々，自己研鑽（けんさん）することにより，関係者や専門家との有益な情報交換，また保護者からの信頼が得られるものと考えられる。

● 引用・参考文献

日本神経学会（編）2003　神経眼科用語辞典　メジカルビュー社
坂本龍男（編）1992　発達障害臨床学　学苑社

9章

外国籍・外国にルーツをもつ子どもへの支援
―小学校での取り組み事例から―

　現在,保育所,幼稚園,小学校においては,外国籍・外国にルーツをもつ子どもが増加している。その大きな要因は,「出入国管理法及び難民認定法」の改正（1990年）以降に日本に出稼ぎに来たブラジルやペルー等の南米からの労働者の流入である。このニューカマーと呼ばれる人々の来日によって,多くの外国籍の子どもたちが日本の保育所,幼稚園,小学校に通うこととなった。子どもたちの多くは,日本語を話せる状態で来日しているわけではなく,ほとんどの子どもたちが日本語を話せないという状況である。また,母国語においても祖国で学習してきているわけではないため,家庭における保護者との日常会話のみが学習の場となっている。このことから,各教育機関では,日本語の習得および日本の幼児・児童の多文化理解が重要な課題となっている。

　本章では,保育者や教師がそのような課題に対してどのように支援していくことが有効であるのか,小学校での取り組み事例から保育所・幼稚園で求められる支援,また,小学校との連携のあり方について考える。

1節　外国籍・外国にルーツをもつ園児とその保護者への支援のあり方

1．コミュニケーション意欲の育成と日本語支援

　外国籍・外国にルーツをもつ子どもたちの大半は,ある一定期間日本に滞在し,日本社会の中で生活をしていく。その子どもたちの両親は,派遣社員や工場労働者が多く,突然解雇されることも少なくない。このような中で,引っ越しをくり返し不安な生活を余儀なくされている子どもたちが大勢いる。彼らが日本で安心

して生活するためには，日本語は非常に重要かつ不可欠である。ただし，幼児期においては，日本語文法を教授することを重視するよりもジェスチャーや実物を提示する等して周囲に関わろう，自分の思いを伝えようとする気持ち，すなわち他者とコミュニケーションを図ろうとする意欲を育むことが先決である。

通常，保育者は園で子どもたちの生活の様子を観察しているが，外国籍・外国にルーツをもつ子どもたちに対しては，より細かな行動観察を行なうことが求められる。保育者は，洞察力，観察力，幼児理解力をもって彼らが日本語を介さずに行なっているさまざまな行動を分析し，彼らが求めていることは何であるのか，しようとしていることは何であるのかを理解するように努めなければならない。このような積み重ねを経たうえで，保育者は彼らの身のまわりにあるさまざまなもの（たとえば，園内にある遊具や部屋の名前，植物，動物等）を介しながら，外国籍・外国にルーツをもつ子どもたちが日本語によるコミュニケーションが可能になるように支援していかなければならない。

2．外国籍・外国にルーツをもつ園児と家族に対する保育者の姿勢

幼児期の子どもたちには，彼ら独自のコミュニティがある。そして，この小さな社会においても異質性排除の論理が存在し，外国籍・外国にルーツをもつ子どもたちがその対象になることも少なくない。そのため，保育者は，日本の子どもたちと外国籍・外国にルーツをもつ子どもたちが良好な関係を築いていけるように支援していかなければならない。その際，保育者は次の事項について留意する必要がある。

第一に，保育者が，日本の子どもたちと外国籍・外国にルーツをもつ子どもとを隔てることなく同じ態度で接することである。保育者が隔たりのない態度で関わることによって，双方の子どもたちは「自分は大切にされている」「自分のことを受け入れてくれている」といった自己を大切にする気持ち，つまり自尊感情が育まれる。そして，それを基盤にして，子どもたちは自分自身だけではなく他者も大切にすることの重要性を感じ，他者に対する受容的な態度を形成していくこととなる。

第二に，髪，目，肌の色等の外見上の違いだけではなく，言語，生活習慣，文化の違いもすべて受容する姿勢をもって，「みんな違って，みんないい」という異質性受容の論理を子どもたちに伝えていくことが大切である。

そのような気持ちを育むための効果的な方法としては，日常の園生活のさまざまな場面において，保育者が子どもたちに対して具体的に違いを受容する言葉がけを行なうことである。たとえば，食習慣の違いから給食を食べられない外国籍・外国にルーツをもつ子どもに対しては，保育者は「○○ちゃんの国では，これは食べられないんだよね。でも，その代わりに△△を食べるんだよね」とその子どもの国においては食習慣が異なることが当然であることを認める言葉がけを周囲の子どもたちにしていく。このような保育者の言葉がけを通して，まわりの子どもたちは，「嫌いだから食べない」「給食を残してずるい」といったマイナスイメージではなく，食べられない理由があること，それはその国の文化であることを理解していくことにつながる。

　第三に，外国籍・外国にルーツをもつ子どもの保護者に対する配慮である。南米からのニューカマーの人たちを例にあげると，初めて来日するケースが大半であり，保護者自身も日本の文化・習慣に慣れていないのが実状である。保護者の日本での生活に対する不安を取り除くために，保育者には日本の文化とブラジルの文化を交流する事業や保護者会を積極的に実施することが求められる。

　また，保護者は，日々の生活では日本語の使用が求められるため母国語を話すことは非常に限られてしまう。これは大変な苦痛や不便さをもたらし，ストレスとなる。したがって，保護者会では，同じニューカマーの人々と交流できる場を設け，母国語で会話できる機会をつくる配慮も必要である。ただし，ニューカマーの保護者が母国語を使うことで，逆に他の保護者が彼らとのコミュニケーションを負担に感じてしまうことがないよう，保育者は行政機関に通訳を派遣してもらうといった対応をとることも必要である。

　以上のように，外国籍・外国にルーツをもつ子どもとその保護者が在園する保育園では，保護者相互のの交流を兼ねた保護者会や文化交流会のプランニング，通訳のコーディネート等に積極的に取り組んでいかなければならない。これらの活動は大変な労力を要するが，外国籍・外国にルーツをもつ子どもとその保護者が園や保育者を信頼し，安心して通園するためには欠かせない配慮である。

実践編

2節　外国籍・外国にルーツをもつ児童への小学校での支援体制
―M小学校の事例から―

　ニューカマーと呼ばれる外国籍・外国にルーツをもつ子どもは，日本全国どこでも多いわけではなく，工場が集中している工業団地のある地域に多く住んでいるのが実情である。とりわけ群馬県，静岡県，滋賀県等はブラジルやペルー等の南米の子どもたちが非常に多い。彼らのそのほとんどが日系であり，元をたどれば日本人の移民をそのルーツとしている。

　そのような子どもたちが多い小学校では，どのようにして日本語を習得させ，日本の生活文化に慣れさせているのか，M小学校の実践を通してみていく。

1．M小学校の特徴

　M小学校の校区には大きな工業団地が存在し，その工場の労働者として両親とともにブラジルやペルーから来日している子どもたちが非常に多い。その理由として，元々あった工場の社宅がバブル崩壊後空いていたため，アウトソーシング系の会社が外国人専用住宅として買い取ったことも増加の一因として考えられる。

　M小学校の特徴としては，全校児童の中における外国籍・外国にルーツをもつ子どもが15％近くを占めており，各クラス平均4〜5人が在籍している計算となる。国籍ではブラジルからの子どもが一番多く，次いでペルー，フィリピンの順となっている。

2．M小学校の支援体制

　M小学校の支援体制としては，日本語教室と呼ばれる外国籍・外国にルーツをもつ子どもに専門的な支援を行なう学習の場が設定されていることが特徴としてあげられる。日本語教室には，加配教員が1名，また非常勤講師が1名勤務している。さらには，通訳として週2回2時間程度，母国語を話せる人材が教育委員会から派遣されている。

　日本語教室の加配教員を中心にして，担任，通訳，保護者との連携を密にしながら子どもたちの支援にあたる。それら関係者のコーディネートが課題であるが，体制としては支援を必要としている外国籍・外国にルーツをもつ子どもにとって有効に機能している（図9-1）。

9章 外国籍・外国にルーツをもつ子どもへの支援—小学校での取り組み事例から—

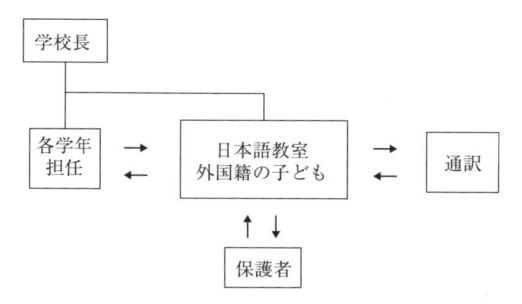

```
         ┌─────────┐
         │ 学校長  │
         └────┬────┘
        ┌────┴─────┐
   ┌────┴───┐  ┌──────────┐  ┌──────┐
   │各学年  │→ │日本語教室│→ │ 通訳 │
   │担任    │← │外国籍の  │← │      │
   │        │  │子ども    │  │      │
   └────────┘  └────┬─────┘  └──────┘
                   ↑↓
                ┌──────┐
                │保護者│
                └──────┘
```

図9-1　M小学校の外国籍・外国にルーツをもつ子どもに対する支援体制

(1) 日本語指導

　日本語教室では，在籍している外国籍・外国にルーツをもつ子どもを対象に，初期の日本語から発展的な日本語まで各学年ごとにカリキュラムを設けて指導を行なっている。子ども一人ひとりの日本語能力が大きく異なるため，日本語教室に通級する時間も個々の子どもによって変わる。日本語能力が高い子どもは必然的に日本語教室に通級する時間が少なくなり，逆に日本語能力が低い子どもは通級する時間が多くなる。多い子どもで週に8時間，少ない子どもで1時間通級している。

　初期の日本語指導では，ひらがな，簡単な単語，あいさつ，学校における必要な言葉（「助けて」「トイレに行きたい」「お腹痛い」等のサバイバル言語）を指導する。おもにワークシートを用いて行ない，それぞれの場面や物についてイラストを常時取り入れることでよりわかりやすさを追求している。

　また，発展的な日本語指導として主語，述語の関係から短い文を書かせたり，漢字の意味，漢字を使った文作り等を行なっている。これら発展的な指導は，日本語能力が高い子どもに対して行なわれている。どの子どもも漢字に対して苦手意識が高いため，カルタやイラストを交えながらの指導を取り入れている（図9-2）。

　さらに，学校生活と密着した日本語を学ばせるために，学校行事をプリント化して日本語の練習をさせている。その学習により，学校行事を知らせるとともに見通しをもった学校生活を送ることができるようになる。また，保護者にもこのプリントを通じて行事の連絡を行なうことが可能になるため非常に有効な学習となる（図9-3）。

実践編

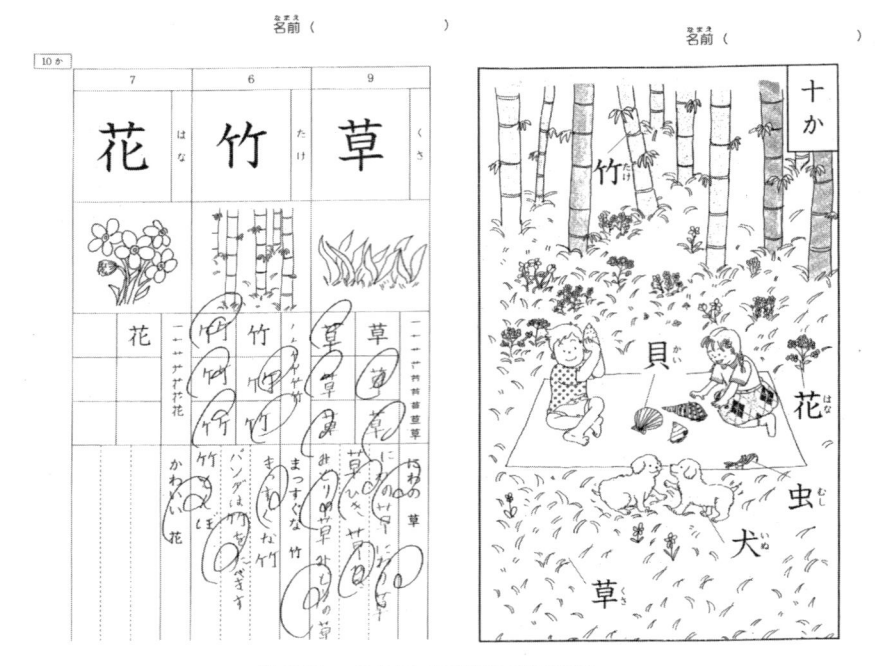

図 9-2　イラストを交えた漢字指導

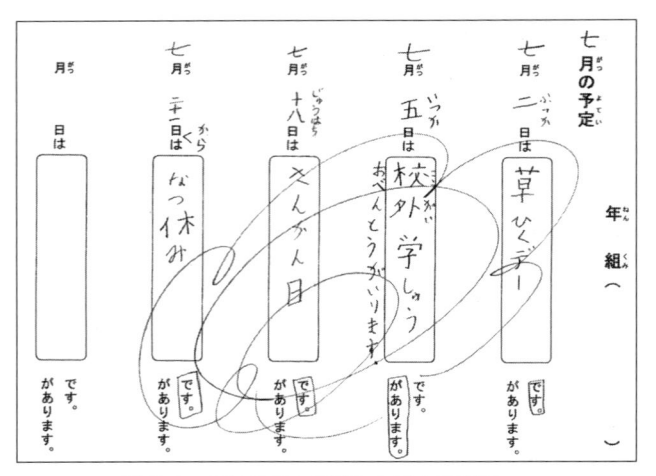

図 9-3　学校生活と密着した日本語指導

（2）生活適応指導

　外国籍・外国にルーツをもつ子どもは，日本の学校生活になかなか慣れず，日本文化になじめない子どもが多く存在する。特に食生活については，日本は給食制度であるため適応できない子どもが多い。また，味付けや主食等も大きく異なるため，とまどう子どもが少なくない。そこで，給食については配膳や返却の仕方の説明をし，食べられない子どもについては家から主食を持参させる等の配慮を行なっている。

　また，そうじの時間についても，そうじの意義や方法について説明を行ない，実際に子どもと一緒にそうじをしながら指導している。そうじ用具の名前，そうじ時間等もポルトガル語やスペイン語で書いて説明している。

　さらに，学校行事の説明も日本語教室で行なっている。子どもたちにとっては行事に関わる持ち物が特にわかりにくい。そこで，持ち物について弁当はどのようなものを入れてもらうのか，水筒に入れてきてもよい飲み物は何であるのか等をイラストを交えながら詳細に説明を行なっている。

（3）教科補充

　外国籍・外国にルーツをもつ子どもたちは，算数や社会等の普段の授業が，言語のハンディがあるためにどうしても遅れがちになってしまう。そこで，日本語教室に通級している時間を使って，算数の計算の仕方等を個別に指導している。おもにワークシートを用いながら個別指導を行ない，彼らの学力を保障している。また，社会科では単元や校外学習のまとめ（新聞）の書き方や色遣い等の個別指導を行なっている。

3．保護者への連絡体制と子どもの様子の伝え方

　M小学校においては，日本語を話せない保護者がほとんどであるため，学校から保護者への連絡・意思疎通が困難である。たとえば，学校行事の連絡，保健関係の書類，予防接種の問診票等といった必ず知らせておきたい事項や提出してもらわなければならない書類等がそれにあたる。そのような文書関係は母国語ごとに文書を作成し，保護者が理解できるように努めている。そうすることによって，保護者は安心感をもって学校側からの連絡を受けることができる（図9-4）。

　また，家庭訪問，個別懇談等は，必ず通訳を交えて行なうようにしている。しかし，この通訳との日程調整が課題となる。通訳の出勤日は決められており，そ

実践編

```
                                                          年    月    日
                                                         Dia   de   de.
学校名：
Nome da escola:
                       校外学習のお知らせ
              Aviso sobre a aprendizagem fora dos limites da escola

このことについて、下記のとおり実施いたします。御理解、御協力を賜りますようよろしくお願いいたします。
Gostaríamos de pedir aos pais, a compreensão e colaboração sobre os estudos que serão realizados fora da
escola, na seguinte forma.
                                      記
                                  Conteúdo
1  目 的    学校教育の一環として、校内で学習することができないことを、実際に自分の目で確かめながら学ぶとともに、
            集団行動を身につける。
   Objetivo Utilizamos este sistema de estudo, como parte da educação escolar, para que as crianças possam
            aprender os temas que o professor não tem condições de ensinar por estar dentro da escola. Desta forma,
            o aprendizado for, a dos limites da escola possibilita a criança ver e confirmar os estudos em forma
            concreta e com os próprios olhos, ao mesmo tempo em que aprende a conviver e atuar em grupo.
2  期 日       月    日 （   ）（□雨天実施 □雨天延期 □小雨決行）
   Período     Dia  de  (       -feira) (Em dia de chuva será: Realizada Prorrogada Cancelada)
3  方 面    ＿＿＿＿＿＿＿＿＿＿＿＿＿＿＿＿＿＿＿＿
   Local:
4  日程    □集合         午前    時    分        □学校    □ (     ) 駅        □ (       )
   Programa  Lugar de reunião De manhã, às hora e minutos Na escola Na estação de: (  )    Outros (    )
           □出発         午前    時    分
            Partida   De manhã, às hora e minutos
           □見学         午前    時    分～午前    時    分
            Tempo de visita Das    horas e  minutos da manhã às    horas e  minutos da tarde
           □学校着        午前    時    分
            Retorno à escola De tarde, às hora e minutos
           □解散         午前    時    分
            Dispensa  De tarde, às hora e minutos
5  持ち物
   Pertences necessários
           □弁当         □水筒         □しおり        □筆記用具              □ハンカチ    □はなかみ
            Lanche      Cantil        Programa      Material de anotações   Lenço        Lenço de papel
           □雨具         □おやつ        □シート                             □ごみ袋
            Capa e guarda-chuva Merenda Esteira de plástico                  Saquinho para o lixo
           □歌集         □小遣い（    円）     □（                ）
            Livro de canções Dinheiro para despesas pessoal (¥     )  Outros (    )
6  服 装    □体操服        □標準服       □自由        □体育帽
   Vestuário  Roupa de ginástica Uniforme    À vontade    Boné de ginástica
           □安全帽（黄帽）
            Capacete de segurança amarelo
7  費用    □（    ）円  □費用（    ）円は、    月    日（    ）までに。
   Custo    (¥   ).     O pagamento de (¥   ) deve ser feito até o dia   de   (    )
                      □担任までお願いします。
                       Entregue ao professor responsável pela classe.
                      □各自指定の口座に振り込んでください。
                       Será cobrado posteriormente.
           □後日精算 □担任から連絡致しましたら、お願いします。
                       Pedimos que efetue o pagamento, após receber a comunicação do professor responsável pela classe.
8  その他
   Outros
           ○体調を整えて、健康な体で参加できるよう、気をつけてあげてください。
            É necessário tomar cuidado para que o aluno possa participar em bom estado de saúde.
           ○乗り物酔いをする人は、酔い止め薬を持ってきてください。
            Se o seu filho sofre de enjôo de transportes, não se esqueça de fazê-lo levar o remédio consigo.
           ○分からないことがあれば、児童を通じて担任までお聞きください。
            Se tiver alguma dúvida, peça maiores informações através do seu filho.
```

図 9-4　学校行事の連絡（ポルトガル語版）

の日と保護者の都合を調整しなくてはならない。保護者は工場勤務が多いため，昼間に懇談や家庭訪問の時間を設定するのは難しい。そのため，ほとんどの場合は夜間に行なうことになる。

　日本の保護者と同様に，子どもの学校での学習や生活の様子を保護者に伝えることは必須である。日本の保護者の場合は，普段使用している連絡簿で事足りるが，外国籍の保護者に対しては当然母国語に翻訳して知らせることになる。

　M小学校では，日本語教室での様子（日本語の習得状況）と各学級での様子（学習面・生活面）をそれぞれ翻訳して手渡している（図9-5）。保護者はそれを受け取ることで，日本の学校での学習や生活の様子を詳細に知ることができる。ここでも，日本の学校への安心感を保護者に対して与えることが保護者との信頼関係を深くし，ひいては外国籍・外国にルーツをもつ子どもへの配慮へとつながっていく。

3節　多文化理解を基本とした授業展開事例

1．多文化理解を軸とした外国籍・外国にルーツをもつ子どもへの支援

　前節では，外国籍・外国にルーツをもつ子どもに対する日本語指導の実際と，その保護者に対する支援について述べた。ここでは通常学級で，外国籍・外国にルーツにもつ子どもと日本の子どもたちの関わりを深めるためにどのような支援が行なわれているのかを具体的に紹介する。

　外国籍・外国にルーツをもつ子どもは，週25〜27時間の授業時間数のうち日本語教室に通級する2〜8時間を除けば，20時間程度は通常学級で授業を受けている。そのような中で，日本の子どもから外国籍・外国にルーツをもつという理由で差別や嫌がらせを受ける子どもは少なくない。日本という異国の地に自分の意思とは無関係に来日し，不安な気持ちを抱えたまま日本の学校に登校している子どもにとって小学校という場は非常につらく，切ない場になっている。外国籍・外国にルーツをもつ子どもにとって，学校が安心して過ごせる場になってこそ真の多文化教育ということができる。以下に1人の男の子の事例を紹介する。

(1) 孤独なルーカスくん

　ルーカスくん（仮名）は，ブラジルから来日して1年目の小学校2年生である。

実践編

	第1学年　学習の様子　APRENDIZADO　1ª série	
教科 Matéria	おもな観点・内容 Principais pontos de vista e conteúdo	
国語 Lingua Japonesa	進んで本を読んだり，話をしたり，字を書いたりする。 Lê, conversa e escreve frases ativamente.	
	話の内容を聞き取る。　Compreende o conteúdo da conversa.	
	大きくはっきりとした声で音読する。Faz a leitura em voz alta e clare.	
	経験したこと等がわかるように順序を考えて話す。 Conversa ordenadamente sobre suas experiências.	
	大体の内容を理解しながら文章を読みとる。 Compreende o texto, captando a maior parte do conteúdo.	
	文字の読み書きが正しくできる。 Consegue ler e escrever corretamente as letras.	
	丁寧に文字を書く。　Escreve as letras com capricho.	
	喜んで文章を書く。　Escreve frases com alegria.	
	自分の伝えたいことがわかるように文章を書く。 Escreve textos, transmitindo a sua intenção, de uma maneira fácil de entender.	
算数 matemá-tica	進んで問題を解こうとしたり，具体物を使って考えようとしたりする。 Procura raciocinar usando objetos concretos e resolver os problemas matemáticos ativamente.	
	たし算の意味がわかり，10までのたし算を正しく計算する。 Entende o significado da adição e faz os cálculos com resultados até 10 corretamente.	
	引き算の意味がわかり，10までの引き算を正しく計算する。 Entende o significado da subtração e faz os cálculos com resultados até 10 corretamente.	
	20までの数の数え方・読み方・表し方・順序や大小がわかる。 Sabe contar, ler e expressar e entende a sequência crescente e decrescente dos números até 20.	
	20までの繰り上がりのあるたし算を正しく計算する。 Faz adições com reserva com resultados até 20 corretamente.	
	20までのくり下がりのある引き算を正しく計算する。 Faz subtrações com recurso com resultados até 20 corretamente.	
	100までの数の数え方・読み方・表し方・順序や大小がわかる。 Sabe contar, ler e expressar e entende a sequência crescente e decrescente dos números até 100.	
	引き算やたし算の文章問題を解く。 Resolve problemas, contendo adições ou subtrações.	
生活	Vida Cotidiana	
音楽 Música	曲の雰囲気を感じ取り，具体表現等をして音楽活動を楽しむ。 Sente-se envolvido pela canção e participa alegremente das atividades musicais com movimentos corporais.	
	色々な曲に親しみ，楽しく歌う。 Canta com entusiasmo, se familializando com várias músicas.	
	鍵盤ハーモニカや打楽器に親しみ，楽しく演奏する。 Tem intereese pela harmônica teclada e instrumentos de percussão, toca com entusíasmo.	
図画工作 Artes	自分の思いをもって，造形活動を楽しむ。 Participa alegremente das atividades de moldagem, usando a sua criatividade.	
	想像力を働かせて，表し方や作り方を考える。 Pensa na maneira de expressar e construir, aproveitando a sua capacidade de imaginar.	
	材料や用具を工夫して扱い，表現する。 Utiliza os materiais e utensílios com idealização e sabe se expressar.	
体育 Ed.Física	自分のめあてをもち，進んで運動する。 Pratica exercícios físicos ativamente, conforme o seu objetivo.	
	運動に必要な技能を身につけ楽しく運動する。 Pratica exercícios físicos com entusiasmo, adquirindo habilidades necessárias.	
	約束やルールを守り，仲良く，安全に運動する。 Pratica exercícios físicos amistosamente, com segurança e obedecendo as regras e os compromissos.	

図 9-5　連絡簿（ポルトガル語）

9章 外国籍・外国にルーツをもつ子どもへの支援—小学校での取り組み事例から—

学校生活の様子　　VIDA ESCOLAR			
	評価 Avaliação		
おもな観点　　Pontos Principais	良くできる Otimo	できる Bom	もう少し Esforçar
友達と一緒に楽しく活動する。 Age com alegria junto com os colegas.			
自分から進んであいさつや返事をする。 Cumprimenta e responde ativamente, por vontade própria.			
自分の考えや思いを言う。 Expressa as suas idéias e pensamentos.			
先生や友達の話を聞く。 Ouve a conversa do professor e dos colegas.			
自分のしたことを，素直に振り返る。 Analisa a sua conduta naturalmente.			
当番や係りの仕事をがんばってする。 Se esforça nos serviços de plantão e encarregado.			
物を大切にし，整理整頓する。 Cuida bem dos materiais, mantendo-os organizados.			
宿題や学習の用意を忘れずにする。 Não esquece de fazer as tarefas e preparar os materiais para os estudos.			
(　　学期)　　Período			

出・欠の様子　　Freqüência											
	4	5	6	7	9	10	11	12	1	2	3	計
授業日数 Dias letivos												
出停忌引の日数 Faltas obrigatórias justificadas												
欠席日数 Faltas												
出席日数 Presenças												

実践編

家族構成は，両親との3人家族である。両親は，日本語をほとんど使うことができない。ルーカスくんは小学校に来てから友だちともなかなかなじめず，クラスの子どもたちと一緒に遊ぶことが少なく，他学年のブラジルから来た子どもたちとばかり遊んでいた。そのような状態では日本の子どもたちとの距離は縮まることもなく，ますます疎遠になる一方であった。普段の授業では日本語がわからないため，ルーカスくんはほとんど発言することがなかった。ルーカスくんは時折寂しげな表情を見せ，「ブラジルに帰りたい」とたどたどしい日本語で訴えてきた。

(2) ルーカスくんを核に据えた授業

まわりの日本の子どものルーカスくんに対する差別心や異質性の排除意識を取り除かなければ，ルーカスくんにとって学校は安心して過ごせる場所にはならない。そのため，学級ではルーカスくんの祖国であるブラジルについての文化理解を進めていくことが有効であると考え，ルーカスくんを核とした授業を展開した。

【実践例】

教材名　生活科「ヒントでルーカスくん」

ねらい　・ルーカスくんの祖国ブラジルの文化に触れることで，国籍のバリアフリーを促す。
　　　　・ルーカスくんの日本で過ごすことへの不安な気持ちに共感する。

単元計画　①ポルトガル語を学ぼう（2時間）
　　　　　②ブラジルトリビア：ブラジルについて知ろう（2時間）
　　　　　③ブラジルボックス：ブラジルの道具について知ろう（2時間）

①ポルトガル語を学ぼう

まず，言葉が通じないという実態をふまえて，ブラジルの母国語であるポルトガル語についてルーカスくんをミニティーチャーとして学ぶことにした。ルーカスくんをミニティーチャーに据えることで，ルーカスくんの居場所を確保し，存在感をアピールすることをねらいとした。内容は，あいさつ，数の数え方等日常使うような言葉に設定した。授業後，日本の子どもたちがルーカスくんに対して「Bom dia」とあいさつする姿がみられ，ルーカスくんにも笑みがこぼれてきた。この授業の結果，ルーカスくんとまわりの日本の子どもたちとの壁が1つ取り除かれた。

②ブラジルトリビア：ブラジルについて知ろう

　ブラジルトリビアでは，ブラジルの風習や慣習について学ぶことをねらいとした。食べ物，学校制度，日常生活のきまり等日本とは大きく異なるブラジルの風習や慣習を理解することでルーカスくんの行動にも理解を示すことができるのではないかと考えた。事前に，ルーカスくんとルーカスくんの保護者に聞き取りを行ない，クイズ形式で子どもたちに楽しく学べるようにした。また，当日はルーカスくんの母親にも参加してもらい，本場のサンバのダンスを披露してもらった。ルーカスくんもまわりの子どももとても楽しそうにしていたのが印象的であった。ルーカスくんの母親が踊り終わると，まわりの子どもたちはルーカスくんに「お母さんダンス上手だね」「また，ダンス教えてね」と言葉をかけていた。

　さらに，ブラジルの郷土料理をルーカスくんの母親に作ってもらい，実際に食べる活動も取り入れた。子どもたちは，ブラジルの食文化を直接体験することができた。

　ルーカスくんだけでなく保護者も交えて授業を展開したことで，保護者と日本の子どもたちとの交流やつながりができたことは大きな収穫であった。本物の他国の文化を直接体験することは，子どもたちの心に他国の文化が深く染み入ることにつながったと考えられる（図9-6参照）。

③ブラジルボックス：ブラジルの道具について知ろう

　滋賀県国際協会（ぐろーかるネットSHIGA）[★1]が作成したブラジルボックスは，ワークショップで物を使って多文化理解を進める（図9-7参照）。国や地域によって日常使う道具が大きく異なり，その国や地域特有の道具が存在する。それらを理解することにより，「ちがい」を認めることをねらいとしている。そのことを通して，「ルーカスくんと違うことは当然なんだ」という意識を芽ばえさせることにつなげていった。

> **用語解説**
>
> ★1　ぐろーかるネットSHIGA
> 2003（平成15）年4月に発足した民間教育団体で，正式名称は「国際教育研究会 Glocal net Shiga」。教育関係者，国際協力NGO関係者，外国人住民，地域国際協会関係者などがメンバーとなり国際教育に関する実践研究，研究報告の発信，講師派遣，研修会などの活動を行なっている。メンバーは，2007年で60名。

＜ブラジルボックスの進め方＞
・各班に，ブラジルに関する物を数個ずつ配布する。
・各班の子どもたちは，何をする

実践編

世界の国から Bom dia!

名前（　　　　　　　　　　）

～ブラジルトリビア～　ヘぇーヘぇー

1　日本とブラジルでは、同じ所とちがう所があります。日本だけのことを言っているものに○を付けよう。日本とブラジルが同じものには、☆を付けよう。グループで話し合いながら、一つ一つ考えてみよう。

1. 信号の色は青色が進め、黄色が注意、赤色が止まれである。　（　　）
2. 家に上がるときは、くつをぬいであがる。　（　　）
3. 車は左側を通る。　（　　）
4. 小学生、中学生では、落第がない。　（　　）
5. 幼稚園、保育園から小学校へ入学するときに試験がない。　（　　）
6. 学校へは、月曜日から金曜日までくる。　（　　）
7. 子どもはピアスをあけない。　（　　）
8. 一日、3食食べる。　（　　）
9. ご飯を食べるときの飲み物は、お茶がふつうである。　（　　）
10. お祭りの時は、学校が休みになる。　（　　）
11. ふつうご飯を炊くときに、味は付けない。　（　　）
12. 小学校は6年間、中学校は3年間である。　（　　）
13. 夏休み、冬休みがある。　（　　）

2．ブラジルトリビアを学習して、わかったこと、おどろいたこと、感想を書いてみよう

3．今日の学習をふりかえろう。ブラジルのことについて考えた。
　　あまり　　　　まあまあ　　　　がんばった

図9-6　ブラジルトリビア

9章　外国籍・外国にルーツをもつ子どもへの支援─小学校での取り組み事例から─

[ブラジルボックスに収められているもの]

誕生日に関するもの	シマホン	赤ちゃんにまつわるもの
誕生日用ロウソク	（マテ茶を飲む道具）	ピアス付き赤ちゃん人形
バロン（風船）	クイア	出産祝い返しマスコット
飴の包み紙	ボンバ	
誕生日パーティ招待状	台	食べ物に関するもの
色付き砂糖	マテ茶葉	やしの芽
飴を包んだ見本		フェイジョーン
	楽器	ガラナジュース
インディオ・アマゾンに	ベリンバウ	コーヒー生豆
関するもの		ニョキーラ
ピラルクのうろこ	おもちゃ	
ピラルクの舌	ペテッカ	その他
ガラナ棒	こま	ブラジル地図
インディオの装飾品		ブラジル国旗
	写真教材	リオ・グランデ・ド・スール州地図
書籍類	日系移民折り紙展	リオ・グランデ・ド・スール州卓上旗
ブラジルと出会おう	誕生日パーティー	通貨
BRAZIL	ピラルク	授業実践例ビデオ
Brazil in the school	シマホンの流れ方	利用マニュアル
小学4年生算数教科書	風景写真	もの＆写真の解説
漫画	学校、生活風景など	授業案、料理レシピ
		利用者アンケート　等

図9-7　ブラジルボックスの中に入っているもの

ための道具なのかを話し合って予想する。
・各班の代表者が，話し合った内容を順に発表する。
・ファシリテーター（授業者）が，答えについて写真等を用いて説明する。

(3) ルーカスくんを取り巻く子どもたちの構造の変化

　外国籍・外国にルーツをもつ子どもたちを取り巻く子どもたちの構造は，三重構造になっている（図9-8）。Aの子どもたちは，外国籍・外国にルーツをもつ子どもと何のわだかまりもなく，「一緒に遊びたい」「一緒に学びたい」と思っている子どもたち，つまり国籍にとらわれずにその子ども個人をとらえる子どもたちである。そのような子どもたちは数は少ないが，外国籍・外国にルーツをもつ子どもにとっては心強い味方となる。また，Aの子どもたちは，差別心や異質性を排除する意識をもっていないため，多文化理解への特別な取り組みをしなくても外国籍・外国にルーツをもつ子どもに容易に話しかけたり，遊びに誘ったりすることが可能である。

131

実践編

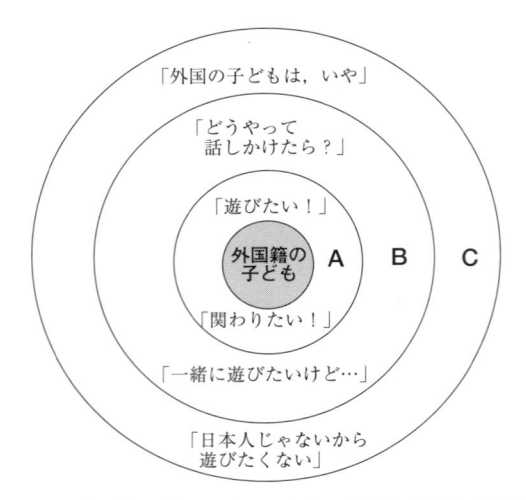

```
           「外国の子どもは、いや」
        「どうやって
         話しかけたら？」
         「遊びたい！」
        ┌─────┐
        │外国籍の│ A    B    C
        │子ども │
        └─────┘
         「関わりたい！」
        「一緒に遊びたいけど…」
         「日本人じゃないから
          遊びたくない」
```

図 9-8　外国籍・外国にルーツをもつ子どもを取り巻く構造

　Bにいる子どもたちは，外国籍・外国にルーツをもつ子どもに対して，「仲良くなりたいきっかけがない」「どうやって声をかけたらいいかわからない」という子どもたちである。差別心や異質性の排除の意識は少ないが，自分たちで距離を縮めようという意識は浅薄である。このような子どもたちは，「自分たちは仲間はずれはしていない」という意識がある。しかしながら，距離を縮めようとしないことは，仲間はずれをしているのと同じ状況を生んでしまう。よって，何らかの手だてを打たない限りは，この意識が変容することはない。

　Cにいる子どもたちは，外国籍・外国にルーツをもつ子どもに対して排除する傾向をもっており，まったく関わりあいたくないという態度で無視している状態にある。このような子どもたちは，保護者から外国籍の人に対しての偏見を刷り込まれている場合が多い。保護者が差別心をもっていると，その意識が伝染するかのように子どもに刷り込まれてしまうのである。その結果，仲間はずれにしたり，いじめたりするケースが出てくる。

　今回の実践で，ルーカスくんを核に据えた授業を行なった結果，B，Cの子どもたちの意識がはっきりと変容してきた。ルーカスくんを排除していた子どもたちが，自分たちから「サッカーしようよ」と誘ったり，帰りぎわに「帰って4時から遊ぼうな」と約束をする等の場面がみられるようになった。ルーカスくんの

表情が明るくなり，休み時間も他学年のブラジルの子どもたちと遊ぶのではなく，日本の子どもたちと遊ぶようになった。ルーカスくんとまわりの日本の子どもたちとのつながりは太く，強固なものへと変わっていった。

2．外国籍・外国にルーツをもつ子どもに対するまわりの子どもたちのとらえ方

　外国籍・外国にルーツをもつ子どもへの支援では，その子ども自身の日本語能力，家庭環境，考え方等を理解しておくことが重要である。しかし，それだけでは十分な支援とはなりえない。その保護者に対する支援とまわりの子どもたちへのはたらきかけが肝要である。特に，一緒に過ごす時間が多い日本の子どもたちに対するはたらきかけを重視する必要がある。日本の子どもたちは，どんな意識で外国籍・外国にルーツをもつ子どもと接しているのかを見きわめなくてはならない。そして，それぞれの子どもたちが，図9-8で示した三重円のどの位置にいるのかを明確に把握しておくことが必要である。そのためには，日常的に子どもたち一人ひとりの行動や発言を記録し，その記録が蓄積されたらどのような関わり方をしているのか，排除意識はあるのか等を分析する。そして，分析後，どのような手だてを行なっていけばよいのかを検討する。特にB，Cに位置する子どもたちの変容を追い，変容がない子どもに対してはさらにどのような手だてが必要なのかを熟考していかなければならない。

4節　保育現場と小学校の連携
　　　—安心して小学校生活を迎えるために—

　外国籍・外国にルーツをもつ子どもたちの健全な育ちを保障し，彼らに対して継続的な支援を行なうためには保育現場と小学校との連携は不可欠である。最近では，日本の学校生活になじめるように就学前の外国籍・外国にルーツをもつ子どもたちが通うプレスクールが設立されつつあるが，この施設の数は少なく，プレスクールに通うことができない子どもたちが多く存在するのが現状である。

　幼児期に外国籍・外国にルーツをもつ子どもに対して実施された支援や配慮を小学校につないでいくためには，次のことに取り組む必要がある。

　まず，保育所および幼稚園と小学校の教員間の連携があげられる。外国籍・外国にルーツをもつ子どもたちが小学校生活に適応できるようにするために，保育

実践編

所・幼稚園側が彼らの幼児期の記録（日本語の習得レベル，家庭環境，来日日数等）を小学校側に詳細に伝えることは，とても重要である。これは，小学校側が彼らにどういった配慮が必要であるのかを事前に把握するうえでも有効である。なお，保育所および幼稚園と小学校が円滑に連携を進めていくためには，それぞれのスケジュールや子どもに関する情報等を把握，調整するコーディネーターを決めておくことが必要である。

また，連携を促進するその他の方法として，小学校低学年の生活科や3年生以上で実施される総合的な学習の時間の活用があげられる。この場合，他国の文化の紹介やその国独自の遊び等を取り上げ，小学校に在籍する外国籍・外国にルーツをもつ子どもたちが中心となって展開できる活動内容を計画することが望ましい。こうした活動に参加することを通して，保育所および幼稚園に在園する外国籍・外国にルーツをもつ子どもたちは，小学校にも自分と同じ立場の仲間が存在することを知ることができる。これは，彼らが小学校に入学することへの不安を軽減することにつながる。

外国籍・外国にルーツをもつ子どもたちが，安心して小学校生活を迎えることができるように，保育所および幼稚園と小学校が情報を共有し，彼らへの支援を充実させていくことが今後求められる。

● 執筆者一覧（執筆順）

柳澤亜希子 （編者）	独立行政法人　国立特別支援教育総合研究所	1章，4章，8章
大江まゆ子	大阪城南女子短期大学総合保育学科	2章
福井　逸子 （編者）	北陸学院大学幼児児童教育学科	3章，7章
長戸　英明	石川県よしたけ保育園	5章
平野　知見	常磐会学園大学国際コミュニケーション学部	6章
近藤瑠美子	石川県馬場幼稚園	8章
川嶋　稔彦	滋賀県湖南市立岩根小学校	9章

● 編者紹介

福井逸子（ふくい・いつこ）
1984年　聖和大学教育学部幼児教育学科卒業
　　　　西宮市内で13年間幼稚園教諭（内10年間主任教諭）として勤務した後，
2000年　聖和大学大学院教育学研究科幼児教育専攻博士前期課程入学
2007年　聖和大学大学院教育学研究科幼児教育専攻博士後期課程満期退学
現　在　北陸学院大学幼児児童教育学科　専任講師
〈主著書・論文〉
　『保育の考え方と実践－その基礎を学ぶ』（分担執筆）　2005年，久美出版
　「タイの保育現場におけるコンピュータ教育」聖和大学論集　教育学系－第33号　他

柳澤亜希子（やなぎさわ・あきこ）
2006年　広島大学大学院教育学研究科博士課程後期修了〈博士（教育学）〉
現　在　独立行政法人国立特別支援教育総合研究所　研究員
〈主著書・論文〉
　『実践事例に基づく障害児保育－ちょっと気になる子へのかかわり』（分担執筆）2007年，保育出版社
　「自閉性障害児・者のきょうだいに対する家庭での支援のあり方」家族心理学研究，第17巻2号
　「障害児・者のきょうだいが抱える諸問題と支援のあり方」特殊教育学研究，第45巻1号

乳幼児とその家族への早期支援

2008年4月 1日　初版第1刷印刷	定価はカバーに表示
2008年4月10日　初版第1刷発行	してあります。

編 著 者　　福　井　逸　子
　　　　　　柳　澤　亜希子
発 行 所　　㈱北大路書房
　　〒603-8303 京都市北区紫野十二坊町12-8
　　　　　電　話（075）431-0361 ㈹
　　　　　ＦＡＸ（075）431-9393
　　　　　振　替　01050-4-2083

© 2008　　　制作／T. M. H.　　印刷・製本／亜細亜印刷㈱
検印省略　落丁・乱丁本はお取り替えいたします。
ISBN 978-4-7628-2603-0　　Printed in Japan